Publicidad en

Facebook

¿Por Qué No Estás Haciendo Ventas
Usando La Publicidad De FB?
Marketing Para Convertir Anuncios
En Ganancias

Por favor tenga en cuenta que la información contenida dentro de este documento es solamente por propósitos educacionales y de entretenimiento. Todo el esfuerzo ha sido realizado para presentar información completa precisa, actualizada y confiable. Ninguna garantía de ningún tipo está declarada o implicada. Los lectores reconocen que el autor no provee asesoramiento legal, financiero, médico o profesional. El contenido dentro de este libro ha sido derivado de varias fuentes. Por favor consulte a un profesional licenciado antes de intentar cualquier técnica descrita en este libro.

Al leer este documento, el lector acepta que bajo ninguna circunstancia el autor es responsable de cualquier perdida, directa o indirecta, en que se incurra como resultado del uso de información contenida dentro de este documento, incluyendo, pero no limitado a, — errores, omisiones, o inexactitudes.

Índice

Introducción

Quiero agradecerte por escoger este libro "Publicidad de Facebook: ¿Por Qué No Estás Haciendo Ventas Usando La Publicidad De FB? Marketing Para Convertir Anuncios En Ganancias"

Facebook es una de las plataformas de redes sociales más grandes actualmente. De hecho, abarca más de 2 mil millones de usuarios activos cada mes. Teniendo en consideración estas figuras, no es difícil imaginar por que tantas empresas, grandes y pequeñas, han escogido Facebook como un medio para interactuar con sus usuarios. Si todavía no estás en la onda de Facebook, ¡entonces es el momento que comiences a usarlo!

La manera en que las marcas y los clientes han estado interactuando en el siglo 21 ha cambiado. Los clientes esperan que las marcas usen distintas técnicas de marketing para hacer que sus productos se vean más atractivos. Ha habido un aumento en el uso de comunicación visual para marketing y publicidad que ha causado que diferentes empresas usen diferentes estrategias promocionales. Aquí es donde viene el marketing en redes sociales. Casi todo el mundo hoy en día usa alguna red social, y las marcas están usando estas plataformas para hacerse publicidad. Una de las redes sociales más populares es Facebook. Tiene más de mil millones de usuarios activos y tiene un inmenso potencial. Una práctica usual y muy exitosa que las marcas están usando es el marketing en Facebook.

Varias marcas han comenzado a usar Facebook como una estrategia de "yo también" para cubrir todas sus bases en las redes sociales. Sin embargo, no muchas se toman el tiempo suficiente o se esfuerzan por entender la mejor manera en la que se puede usar esta plataforma.

Es importante entender esta plataforma si quieres aprovechar todo su potencial de marketing. Los consumidores siempre están activos en Facebook, y depende de las marcas escoger la forma en la que quieren llegar a su clientela potencial. Los profesionales del marketing deben aprender a contar historias con imágenes y volverse artistas en Facebook para comunicarse efectivamente con los consumidores. Es importante combinar los elementos del arte y estrategias de narrativa para desarrollar contenido, el cuál ayudará a las marcas a conectarse con los consumidores en Facebook a través de un mensaje claro. Esto ayudará a producir resultados extremadamente buenos.

Si quieres aprender todo sobre las maneras en la que Facebook beneficiará tu empresa, y quieres comenzar a usar la publicidad en Facebook, entonces has llegado al lugar indicado. Si quieres aprender a aprovechar al máximo todo lo que Facebook tiene para ofrecer, entonces este es el libro perfecto para ti. En este libro, aprenderás todo lo que necesitas saber sobre la publicidad en Facebook. Aprenderás sobre las maneras en las que Facebook ayuda empresas, las bases fundamentales de la publicidad en Facebook, consejos para crear una comunidad, sobre el marketing en Facebook, consejos para la publicidad en Facebook, y mucho más. Si estás listo para aprender todo esto, entonces no perdamos más tiempo y comencemos.

Capítulo Uno: Cómo Facebook Está Cambiando a Las Empresas

Alcanza Rápidamente al Público Objetivo

Con Facebook, podrás llegar a mucha gente en poco tiempo. No se trata solo de hacer que la información de tu producto esté disponible para todas estas personas; se trata de poder llegar a tu público objetivo lo más rápido posible. Facebook te ayudará a llegar a tu público en poco tiempo. Facebook también te ofrece la opción de personalizar tu audiencia.

Actividad Dirigida

Tienes la opción de dirigir tus actividades comerciales en Facebook dependiendo de las tendencias populares y también un análisis de la estrategia utilizada por tus competidores en diferentes ocasiones.

Transparencia En Una Relación De Negocios

Al crear páginas de empresas en Facebook, puedes crear relaciones abiertas con tus clientes. Dicha transparencia se refleja bien en tu ética empresarial, y también te ayudará en la adquisición y retención de una base de clientes leales.

Comodidad

Facebook facilita la búsqueda de tu empresa, marca, productos y servicios que ofrezcas. Casi todo el mundo parece tener una cuenta de Facebook hoy en día, independientemente de su edad. Las personas tienden a pasar mucho tiempo navegando por diferentes páginas de productos en este sitio. Si tienes una página de Facebook, a tu audiencia le será más fácil encontrarte. Definitivamente es más fácil que buscar la dirección del sitio web de tu empresa o en la web.

Salas de Chat

Facebook ofrece la opción de chatear con tus clientes o clientes en la página de tu empresa en Facebook. Sus reclamos, quejas y preocupaciones pueden abordarse de inmediato. Ayuda a mantener la claridad sobre las prácticas comerciales y ayuda a establecer confianza e inspirar lealtad entre los clientes.

Distribución Gratuita

Puedes compartir información sobre tus productos y servicios en tiempo real, sin tener que preocuparte por los costos que tendrás que cubrir. La publicidad gratuita es el mejor tipo de publicidad que existe.

Promoción Viral

Los usuarios de Facebook pueden compartir la página de tu empresa e incluso publicarla en sus cuentas de Facebook. Si puedes influenciar el mensaje o las actividades de tu marca, ellos, a su vez, influenciarán a todos sus seguidores para que también vean tu página. Puede ser un efecto en cascada y aumentar el tráfico de tu página. Esto es exactamente de lo que se trata el marketing viral, y puedes capitalizarlo con la ayuda de Facebook.

Dirígete a Personas Interesadas

Tienes la opción de dirigirte a aquellas personas que estén interesadas en lo que estás ofreciendo. Dado que estas personas se han convertido voluntariamente en parte de tu página de Facebook, ayudará si puedes ofrecerles notificaciones especiales sobre próximas ofertas u ofertas promocionales y similares, antes de que otros lo tengan. Por ejemplo, una invitación a un evento de lanzamiento de un producto puede enviarse a cientos de personas, pero si ofreces un descuento especial a todos los que se inscriban con anticipación, esto sin duda atraerá muchas más personas.

El hecho de que haya más de mil millones de usuarios activos, no significa que todos querrán darle "me gusta" a tu página. No tiene sentido involucrar a todos en Facebook. Solo tiene sentido atraer a tu público objetivo y Facebook te ayuda a hacerlo. Una vez que sabes esto, crear una estrategia de marketing teniéndolos en cuenta no es tan difícil. Puedes obtener "me gusta" fácilmente al dirigir tus anuncios. Tendrás que dirigirte a aquellos usuarios que estén interesados en lo que ofreces, o algo similar. Si tienes una empresa local, debes dirigir tus anuncios para que lleguen a los clientes potenciales que viven en un radio de 10 a 15 millas. Los anuncios pueden ser un poco costosos, pero la probabilidad de llegar a tus clientes potenciales es mayor. La publicación de un anuncio en la televisión, o incluso un periódico local, no solo es caro, sino que nunca estarás seguro de si ha llegado o no a la audiencia prevista. Con los anuncios de Facebook, puedes estar seguro de esto, siempre y cuando dirijas tu anuncio correctamente.

Demostración de Redes Sociales

La demostración de redes sociales es muy importante para cualquier empresa. El número de 'me gusta', 'compartido' y 'comentarios' que obtienes ayudarán en el crecimiento de tu presencia online. También te proveerá la seguridad necesaria para trabajar en un rango más amplio de productos o servicios. Todos estos 'me gusta' y 'compartido' también te pueden ayudar en juzgar cuando el público aprueba o no algo.

Entendiendo el Comportamiento del Clientes

Puedes entender el tipo de cosas que obtienen la atención de tu audiencia y el tipo de cosas que hacen que les guste. Ayudará a la empresa a desarrollar una estrategia promocional y de marketing que toma en consideración las necesidades y gustos de sus clientes. Puedes usar Google analytics para hacer lo mismo.

Percepción de Datos

Facebook ayuda proporcionando datos sobre funcionalidad para que tú puedas hacerle seguimiento y analizar si tus esfuerzos de marketing y publicidad están funcionando o no. Esto es muy útil cuando se trata de tomar decisiones. De hecho, fueron desarrollados con la intención de ayudar empresas para que puedan tener un análisis detallado del tráfico que visita tu página. Estos datos pueden hacer cambios considerables a la estrategia de marketing de cualquier empresa.

Obteniendo Más Clientes Potenciales

No es suficiente si a la gente simplemente le gusta tu página si quieres establecer una empresa a largo plazo que sea sostenible. Sí, es cierto que puedes ganarte una buena cantidad de dinero a corto plazo con la ayuda de tu página de Facebook, pero, ¿qué puedes hacer en caso de que algo salga mal con tu página de Facebook? Necesitas poder establecer una conexión con tus clientes que vaya más allá de Facebook. Las empresas inteligentes reunirán clientes potenciales recolectando direcciones de correo electrónico para que puedan comunicarse con sus clientes también fuera de Facebook. Todo esto generalmente también se realiza a través de concursos, sorteos y boletines informativos; sin embargo, debes tener cuidado con la forma en que usas todos estos métodos. Por ejemplo, no debes enviarle correos no deseados a tus seguidores o clientes. Envíalos tal vez una o dos veces por semana y asegúrate de que la información que estas proporcionando sea útil para ellos, y que los convencerá de volverse clientes, en lugar de rechazarlos.

Reducción en Tus Gastos de Marketing

No necesitas gastar nada para crear tu propia página de Facebook. Si quieres, puedes contratar un diseñador gráfico para diseñar tu foto de perfil y la foto de portada; Sin embargo, esto no es necesario. Simplemente puedes tomar fotografías de tu empresa y será suficiente. Hasta que comiences a pagar por anuncios por obtener "me gusta" para tu página, no necesitas gastar nada para establecerla. En comparación con los anuncios tradicionales, los anuncios de Facebook son bastante económicos y te ayudarán a llegar a un público más amplio. A medida que aumenta el número de personas que ingresen en tu página, también lo hará su visibilidad. Te ayudará a atraer más atención sin tener que hacer mucho esfuerzo. Si diriges tus anuncios a todos aquellos que están interesados en tu página, puedes reducir tus costos.

Usa la Información de Facebook

Algunas personas son naturalmente buenas con los números, pero también están aquellas que necesitan ayuda para entender todos los datos que se les proporciona; Facebook Insights te ayuda a simplificar esto. La información proporcionada no solo es fácil de entender, sino que también proporciona información útil para los emprendedores. Cualquiera puede entender los datos que se proporcionan aquí. Insights te proporcionará información sobre el número de "Me gusta" que la página ha recibido, el alcance de todas las publicaciones y la página, la actividad dentro de la página y mucho más. Puedes ver el rendimiento de una publicación en particular, la demografía general de tus fans, etc. Es fácil analizar los resultados proporcionados por Insights, y no tienes que ser un experto técnico para entenderlo. Compara esto con los anuncios tradicionales, y veras que Facebook Insights es mucho más útil. Todos estos datos son útiles cuando desarrollas tus estrategias de marketing y publicidad.

Establece Lealtad de Marca

Aparte de crear una base de clientes y vender productos, tu página de Facebook puede ayudarte a crear lealtad en la marca. ¿Qué significa exactamente lealtad a la marca? Bueno, si proporcionas contenido valioso y atractivo de manera consistente, tus seguidores serán leales e ignorarán los errores que cometas. Hoy en día, la gente está interesada en encontrar empresas en las que puedan comprar y, para buscar, usualmente recurren a las redes sociales. Si tus seguidores pueden ver que tu marca o empresa es bastante activa y responsiva en línea, entonces la probabilidad de que hagan negocios contigo es mayor que la de una empresa que no tiene presencia en Facebook o tiene una página que está mal administrada. En esta era de la tecnología en la que vivimos, internet se ha convertido en una parte importante de nuestras vidas. Las redes sociales se han convertido en un sustituto conveniente para las conversaciones en tiempo real. Las personas tienden a recurrir a las redes para consultar opiniones sobre varias cosas. Si tu marca tiene presencia en las redes sociales, tus posibilidades de atraer nuevos clientes y retener a los existentes son mayores.

Incrementa Tu Tráfico Web

Alguien inteligente que tenga una página de Facebook usará su página para dirigir tráfico hacia sus sitios web. Si quieres ser un buen profesional del marketing, entonces necesitas hacer más que solo obtener seguidores en la página, así que necesitas comenzar a publicar enlaces, junto con las publicaciones, para dirigir el tráfico hacia tu sitio web. Algo genial sobre las publicaciones con enlaces es que Facebook ahora produce una vista completa en miniatura si tu sitio web tiene una. Ya que atraen más atención, es probable que estas imágenes tengan una mayor probabilidad de ser clickeadas. Una buena estrategia de contenido debe incluir publicar enlaces a tu sitio web. Puedes publicar dos veces al día sobre contenido relacionado a tu sitio web, y combina esto con un par de publicaciones encantadoras que ayudaran a atraer a la audiencia. Si tienes una estrategia apropiada mientras publicas contenido en Facebook, entonces puedes aumentar tu tráfico web. Constantemente necesitarás tener diferentes maneras en las que puedas hacer esto.

Promueve la Optimización Para Los Motores de Búsqueda (SEO)

El SEO, y su relación con Facebook, es un tema sobre el que se debate frecuentemente. Algunos creen que la información que uno incluirá en la sección "Acerca de" de la página de la empresa se puede destacar y, por lo tanto, se puede buscar en Google. Bueno, es difícil confirmar o negar esta afirmación. Si haces una simple búsqueda en Google para la página de tu empresa, entonces la página de Facebook de tu empresa será una de los primeros resultados que se mostrarán, si es que tienes una página de

Facebook. En marketing, ayuda si más personas pueden encontrarte fácilmente. Todo esto es bueno para tu empresa, y una página de Facebook ayudará a mejorar tu visibilidad en línea.

Estar Preparado Para los Móviles

La mayoría de los usuarios de Facebook están accediendo a esta plataforma a través de sus dispositivos móviles; Esto incluye sus teléfonos inteligentes y tablets. A medida que esta tendencia comienza a crecer, se vuelve cada vez más importante para tu empresa estar presente en Facebook. Algo bueno de una página de Facebook es que Facebook hará todo el trabajo por ti. Esto significa que tu página de Facebook se optimizará automáticamente para verla en una computadora de escritorio o dispositivo móvil, dependiendo del dispositivo que el usuario utilice para acceder a ella. La excepción a esto será la pestaña que mostrará aplicaciones personalizadas en la página de tu empresa que se puede ver cuando accedes a

Facebook desde tu escritorio, pero no en los dispositivos móviles (a menos que proporciones enlaces que sean compatibles con dispositivos móviles). Cuando los usuarios vean tu página de Facebook en su dispositivo móvil, les mostrará las horas de operación, la dirección, las reseñas, los números de teléfono, etc. Deberás asegurarte de incluir información útil en tu página.

Observa a Tu Competencia

Facebook tiene una nueva característica que te permitirá observar a tu competencia dentro del mercado. Es una manera realmente buena de ver cómo tus competidores y otros en tu nicho están creciendo en esta plataforma. Tienes la opción de personalizar tu feed. Puedes agregar una lista de tus competidores a esto y hacerle seguimiento a su rendimiento. Facebook también te proporcionará una lista de sugerencias con respecto a empresas similares en tu área, y puedes incluirlas haciendo clic en la opción "Ver página". Puedes seleccionar 5 o más de 5 páginas dependiendo de tu preferencia. Si observas las páginas en esta opción, entonces sabrás si hay una explosión de actividad o participación con los usuarios en la página, luego, en ese caso, puedes ver qué es lo que están haciendo. Esto te ayudará a idear nuevas ideas que también podrían funcionar para usted.

Capítulo Dos: Fundamentos

Hay tres aspectos fundamentales de Facebook, y aprenderás todo sobre ellos en esta sección.

1# Construye una Audiencia

Si quieres crear una audiencia desde cero para tu página de Facebook, entonces usa los consejos mencionados en esta sección.

Establece una Rutina

Necesitas asegurarte de que la rutina de publicaciones que optes hacer le atraiga a tu audiencia objetivo, entonces, ¿conoces a tu audiencia objetivo? Si no, entonces hay unas simples preguntas que te ayudarán a entender a tu audiencia objetivo. ¿Qué edad tiene tu base de clientes ideal? ¿Cuál es su género? ¿En dónde viven? ¿Cuál es el tipo de contenido que valoran? ¿Cuáles son las preguntas que normalmente hacen? Necesitas establecer una rutina para publicar tu contenido. Si tienes una estructura, entonces puedes estar seguro de que el contenido alcance a la audiencia objetivo. Tu objetivo no solo es alcanzar a tus usuarios actuales, sino de estimularlos para que la voz sobre tu empresa se propague.

Graph Search

Graph Search es una herramienta brillante que puedes usar para aprender sobre la audiencia de tu marca. Si no tienes una audiencia establecida, entonces necesitas aprender más sobre los usuarios que frecuentan las paginas relacionadas a los productos o servicios que ofreces, o paginas similares. Lo primero que necesitas hacer es buscar dos páginas de Facebook que sean tus competidores o muy parecidos a ti. Luego tienes que investigar sobre las páginas que les gustan a sus fans. Por ejemplo, busca "Paginas que siguen personas que les gusta Nike y Rebook."

Los resultados de esta búsqueda te ayudaran a analizar el tipo de contenido que le interesa a tu audiencia objetivo.

Anuncios de Facebook Altamente Dirigidos

Toda la información que has recolectado en los pasos anteriores será útil ahora. Cuando decidas publicar algún anuncio de Facebook, necesitas asegurarte de que estén dirigidos y que solo aparezcan en las páginas de todas esas personas que se ajustan a tu perfil ideal. Puedes controlarlo con la ayuda de funciones básicas como su edad, ubicación, carrera, preferencias, y género y así sucesivamente.

Contenido Premium

Necesitas crear algo de valor que atraiga a tu audiencia objetivo. No puedes esperar construir una audiencia si no ofreces algo atractivo. Necesitas ofrecerles algo de contenido premium para que sean leales a tu marca.

Hashtags

Usar hashtags en Facebook ha tenido mucha atracción. Es una gran manera de alcanzar una audiencia más amplia. Puedes investigar sobre los hashtags que están en tendencia actualmente en tu nicho, y puedes usar lo mismo para ampliar tu alcance. Usa hashtags que sean apropiados para el contenido que ofreces. Cuando un usuario de Facebook busca un hashtag, todas las páginas que están relacionadas a ese hashtag en particular se muestra en los resultados de búsqueda. Es una manera simple y efectiva de mejorar tu visibilidad en línea.

Red

Si no has estado conectando con personas hasta ahora, necesitas empezar a hacerlo inmediatamente. Necesitas poder ver más allá de Facebook si realmente quieres promover tu empresa y crear una audiencia más grande. Trabaja colaborando con bloggers, vloggers e influencers en sus redes sociales para dirigir clientes potenciales a tu página de Facebook.

2# Participación

Una vez que has construido una audiencia por ti mismo, tu trabajo no acaba. Necesitas retener tu audiencia actual y ganar una audiencia más grande. Para hacer esto, necesitas aprender a incrementar tu participación en Facebook. En esta sección, aprenderás sobre ciertas cosas simples que puedes hacer para aumentar tu presencia en Facebook.

Tu Personalidad

Las redes sociales se trata de ser social. Nadie va a querer interactuar con un bot; en lugar de eso, necesitas trabajar en mostrar tu empresa o la personalidad de tu marca mediante publicaciones de Facebook. Necesitas hacer que tu empresa se vea sociable para tu audiencia, solo allí ellos querrán interactuar con ella.

Haz Preguntas

Si quieres que las personas interactúen con tus publicaciones, entonces una forma sencilla de hacer esto es haciendo preguntas. Puedes hacerle ciertas preguntas a tus fans y seguidores y esperar sus respuestas. Puede hacerles preguntas sobre cualquier cosa, pero asegúrate de que las preguntas que hagas no sean demasiado técnicas y mantenlas informales. La idea es que tus seguidores empiecen a hablar.

Imágenes

Una imagen vale más que mil palabras. Puedes transmitir un mensaje poderoso a través de un par de historias. No solo eso, las historias parecen atractivas en comparación con el texto, así que toma algunas fotos para promocionar tu empresa o tu marca y luego publícalas en Facebook. También ayudará a tus seguidores a comprender de qué se trata tu empresa.

Adelanto

Algo sorprendente sobre usar Facebook como herramienta de marketing es que puedes promocionar tu empresa sin parecer demasiado promocional. Puedes publicar fotos de empleados, clientes, de tus actividades diarias y mucho más. En cierto modo, estas imágenes ayudan a darle un aspecto humano a tu empresa.

Específico

Debes prestar atención al tipo de contenido al que responde tu audiencia. No solo eso, también necesitas concentrarte en la hora de la publicación para maximizar la cantidad de "me gusta", "compartido" y los comentarios que tus publicaciones acumulan. Cuanto mayor sea el número de "me gusta", "compartido" y "comentarios" que obtengas en tus publicaciones, mayor será tu audiencia base potencial.

Contenido de Fans

Las redes sociales se tratan de compartir. La forma más fácil de construir una relación en las redes sociales es compartiéndola, por lo que, si alguna vez te encuentras con algún contenido útil, incluso si es de otras empresas, no dudes en compartirlo. Comparte las noticias con tus seguidores. Todo el mundo valora el contenido bueno y útil, pero no abuses de esto.

Publicaciones simples

A veces, un simple estado con solo texto puede tener un gran impacto. No siempre tienes que compartir una tonelada de información o publicaciones extensas. Una publicación simple funcionara. Independientemente de lo que decidas hacer, diviértete. No hagas que todo sea sobre negocios. Si quieres que tu base de seguidores crezca, entonces debes hacer que la página sea divertida.

3# Conversión

Facebook cuenta con más de 650 millones de visitantes diarios. Bueno, las estadísticas son bastante favorables si estás trabajando en conversiones. La conversión se produce cuando alguien interactúa con un anuncio que publicas y luego hace algo que sea favorable para tu negocio. Puede ser una compra en línea, o incluso una llamada a tu empresa.

Una de las métricas más críticas para un profesional del marketing en redes sociales que debe tener en cuenta en Facebook es la tasa de conversión. La tasa de conversión se refiere al punto en el que un usuario decide convertirse de un usuario ordinario a un comprador. Para la mayoría de los vendedores, la conversión es una prioridad. De hecho, una buena tasa de conversión es una medida de éxito. La conversión no siempre se trata de realizar compras; también se trata de llevar al usuario a la acción. El objetivo de una campaña puede ser aumentar la suscripción con boletines semanales o hacer que los compradores agreguen más productos a su lista de deseos. Facebook es una de las mejores plataformas para impulsar conversiones. En esta sección, aprenderás acerca de las diferentes maneras en que puedes aumentar tu tasa de conversión.

Define el Evento de Conversión

Antes de que pienses en conversiones, lo primero que necesitas decidir es la acción que las personas necesitan tomar después de que vean el anuncio. Los diferentes tipos de conversión que Facebook suporta incluyen ver contenido, añadir productos a la lista de deseados, iniciar una compra. Puedes incluso crear eventos de conversiones personalizadas si tienes un objetivo en específico en mente. No puedes esperar que un solo anuncio con todos tus objetivos de conversiones. Necesitas crear diferentes anuncios para lograr distintos objetivos.

No Te Olvides del Destino

Existe una relación directa entre el anuncio y la página de inicio. El anuncio solo es tan bueno como lo sea la página de inicio. Cuando decidas el lugar de conversión, debes asegurarte de que todo esté listo para cumplir con todo lo que promete el anuncio. Aquí hay un par de cosas que debes tener en cuenta cuando prepares la página de inicio. Debes implementar Pixel si deseas hacer un seguimiento del evento. Una vez que identifiques la página de inicio, deberás agregar el código de Pixel de Facebook para seguir el evento. Debe haber continuidad entre el anuncio y la página de inicio. Por ejemplo, si el anuncio es sobre zapatos y la página de inicio lleva al cliente a una página sobre pantalones, esto anula el propósito del anuncio. Actualmente muchas personas tienden a hacer compras en línea en sus teléfonos inteligentes, por lo que tiene sentido dirigir el tráfico a tu aplicación, así que necesitas trabajar en la optimización de la aplicación para aumentar tu tasa de conversión.

Imágenes

Le toma al usuario aproximadamente 2.6 segundos decidir a donde ir en un sitio web, así que necesitas usar imágenes que llamen la atención para atraer a tus clientes potenciales. La primera impresión que el usuario tiene sobre tu empresa o tu marca es por el diseño de lo que ven. Las imágenes en un anuncio son similares a un apretón de manos. Hay un par de cosas que necesitas tener en mente cuando diseñas las imágenes para un anuncio. Necesitas asegurarte de que no sobrecargas las imágenes con el texto, lucirá caótico y lo más probable es que los clientes potenciales lo ignoren y pasen de largo. Las imágenes necesitan ser de alta resolución, y cualquier imagen de baja resolución ocasionarán una mala imagen de tu marca. Las imágenes con movimiento son mejores que las imágenes estáticas, así que puedes optar por usar GIFs cuando sea posible.

Corto y Elegante

Si hay demasiado contenido en un anuncio, la tasa de conversión será bastante baja así que necesitas mantenerlo corto y simple. Intenta usar pronombres personales (como nosotros) para crear una relación entre la audiencia y la empresa. Intenta evitar cualquier jerga técnica y mantenlo breve. El texto corto se ve atractivo, y demasiado texto puede parecer muy abrumador.

Llamada a La Acción

La conversión se trata de motivar a tomar una acción; por lo tanto, necesitas incluir una llamada a la acción en el anuncio. Puedes usar verbos efectivos como comienza, encuentra, explora o incluso descubre para mejorar tu tasa de conversión. Si tu objetivo es aumentar las compras o suscripciones, entonces puedes usar frases como "compra ahora", "regístrate ahora" o "inscríbete ahora."

Audiencia

Cuando creas un anuncio, necesitas optar por la buscar expansión. Cuando optas por esto, entonces Facebook te ayudará a encontrar más usuarios con intereses similares. No solo eso, sino que te permite ampliar tu audiencia y alcanzar a más personas. Mientras más grande sea tu audiencia, mayor será tu tasa de conversión.

Optimiza Para Conversiones

A estas alturas ya conoces las diferentes cosas que puedes hacer para optimizar tus conversiones, pero lo que debes hacer sin falta es marcar la caja de **"conversiones"** en Facebook. Ve a la sección Presupuesto y Programación → sección **"optimización para entrega"** → marca **"conversiones."**

El Formato Del Anuncio

De acuerdo con los objetivos de tu campaña publicitaria, debes seleccionar un formato particular de un anuncio de Facebook. Hay algunos que le pueden servir mejor a una campaña publicitaria en particular que a otras. Por ejemplo, Adidas usó el video con la función de colección de Facebook, lo que les ayudó a mostrar varias características de la Z.N.E Road Trip Hoodie y redujo su costo por conversión en general. Aquí hay un par de cosas que debes considerar cuando decidas el formato del anuncio. Puedes usar un Carrusel o anuncios de colección cuando necesites mostrar varios productos o cuando quieras mostrar varias funciones. Los anuncios de Oferta de Facebook son una buena idea si deseas transmitir ofertas especiales o descuentos para usar como incentivo para hacer que compren. Si quieres utilizar imágenes y experiencias de gran impacto que se vean bien en una pantalla completa, entonces opta por Facebook Canvas.

Capítulo Tres: La Importancia De Establecer Una Comunidad

Facebook no se trata de personas, se trata de comunidad. Facebook es un medio para comunicarse y contactar a otras personas. Es una plataforma social global para conocer personas con intereses en común. Una comunidad de Facebook ayuda a crear consciencia sobre tu empresa o tu marca, y crea emoción sobre tus productos o servicios y promociona tu empresa; por lo tanto, es importante que crees una comunidad para tu empresa en Facebook. En esta sección, aprenderás sobre esto.

No Se Trata De Ti

La mayoría de las empresas generalmente tienen la presión de maximizar sus ventas a través del marketing. Debes recordar que las comunidades de Facebook no son el lugar apropiado para esto. Los grupos en Facebook no son sobre ti. Tu comunidad no es tu audiencia objetivo. Si la conversación es esencialmente entre ti y los miembros de tu comunidad, entonces tu comunidad es tu audiencia. Si la conversación es principalmente entre los miembros del grupo, dicho grupo es tu comunidad y no tu audiencia. Una comunidad de Facebook está formada por personas que forman relaciones que surgen de sus objetivos, experiencias o intereses en común. Tu comunidad es simplemente una parte de tu mercado, y esos miembros deben ser seleccionados por sus intereses en todo lo que ofreces y dónde están en el camino del cliente. Esto significa que necesitan tener alguna experiencia con tu empresa o marca, los servicios que ofreces y sus necesidades deben coincidir con tu propuesta única de venta (USP). El enfoque principal en una comunidad es la relación que comparten entre sí y no con tu empresa. Tu rol es el de un facilitador y tu objetivo es dejar que las conversaciones crezcan.

Puedes hacer esto haciendo preguntas y alentando conversaciones. Debes familiarizarte mejor con todos los miembros de tu comunidad. Puedes hacer esto dándole la bienvenida a personas, presentando a personas con necesidades en común, siendo paciente y esperando que la conexión continúe construyéndose.

Mantener Exclusividad

¿A quién no le gusta la sensación de exclusividad? A todos les gusta cuando sienten que tienen acceso exclusivo a algo. Bueno, eso es algo increíble sobre los grupos de Facebook. La exclusividad ayuda a crear una relación más fuerte no solo con los miembros del grupo, sino también con tu empresa. Por ejemplo, ¿no te hace sentir muy lujoso cuando tienes una membresía a un club exclusivo? Bueno, la misma lógica aplica para las comunidades de Facebook. Mientras más exclusivo sea el grupo, más miembros tendrán algo en común y su participación aumentará naturalmente. Puedes controlar el acceso colocando ciertas reglas para registrarse y verificar miembros antes de aceptarlos. Puedes que te estés preguntando por qué esto es importante. Para comenzar, esto motiva a los miembros a discutir y promocionar tu empresa y no necesitas estimularlos. Ellos automáticamente asumen el rol de defensores de la marca.

Evita Ser Un Vendedor

Cuando es el momento de hacer una compra, las personas tienden a ser exigentes. ¿Qué quieren ver? La mayoría de los clientes prefieren las recomendaciones de sus amigos por encima de cualquier contenido escrito profesionalmente. El contenido creado por compañeros es ciertamente más efectivo que el que crea la marca. Por naturaleza, las personas tienden a confiar en sus compañeros más que en la marca. Los miembros de una comunidad respaldarán automáticamente tu marca o empresa cuando sientan que están siendo apoyados y su apoyo sea valorado. Debes cumplir con las promesas que hagas, y el apoyo fluirá de manera constante.

No Incentives Las Discusiones Tóxicas

Tu rol como community manager es moderar y motivar la discusión. Los miembros deben sentir que la comunidad es un lugar donde pueden compartir sus opiniones y puntos de vista sin ningún juicio. Siempre que surja un desacuerdo en la comunidad, tú como administrador, debes tener un plan para dispersar la discusión tensa rápidamente. Debes supervisar las actividades del grupo cuidadosamente y necesitas contar con alguien que responda con prontitud y empatía ante cualquier desacuerdo.

Miembros Nuevos

Si no hay nuevas incorporaciones a la comunidad, entonces el volumen de ventas y la conversión que atraiga el grupo de Facebook se estancarán. Necesitas infundir nuevos miembros en la comunidad. Cuando aceptas nuevos miembros, necesitas mostrarles algo de cariño. Debe hacer que los nuevos miembros se sientan bienvenidos y debes involucrarlos fácilmente en las discusiones. Puedes hacer esto seleccionando un par de preguntas estandarizadas que puedes hacer tan pronto como sean parte del grupo. Puedes encontrar un amigo para los nuevos miembros y hacer que se sientan cómodos.

Lealtad

Hay cuatro cosas que los miembros de una comunidad fuerte necesitan sentir, y estas son:

- Necesitan sentirse exclusivos.
- Necesitan beneficiarse de la influencia.
- Necesitan sentir una conexión emocional.
- Se deben satisfacer sus necesidades.

Los miembros necesitan poder reconocerse entre ellos y, para esto, puedes crear logos o el me gusta. Facebook te ayuda con esto referenciando una membresía del gripo. Los miembros necesitan sentir que sus acciones pueden influenciar el grupo y que el grupo puede influenciar sus acciones. Para controlar todo esto, es buena idea tener una política dentro del grupo y entender la jerga del grupo. El reconocimiento y las recompensas son los mejores medios para cualquier participación. Si construyes una comunidad leal para tu marca, automáticamente llevará a una mejor tasa de conversión.

Celebra

Si quieres incrementar una actividad positiva en el grupo, entonces necesitas incluir algunos elogios públicos. Cuando elogies a alguien, asegúrate de expresar tu gratitud hacia ellos. Puedes enviarles una carta, chocolates o cualquier otro pequeño regalo de apreciación que diga,

"Gracias por ser un valioso miembro de la comunidad."

Comunidad

Los dueños de empresas generalmente solo se preocupan por sus ingresos y costos; sin embargo, hay cuatro elementos en las redes sociales y estos elementos también son válidos para la administración en la comunidad. Tu comunidad ayuda con la venta indirecta y necesitas optimizarla. Los cuatro elementos en los que necesita concentrarte son la atención social, la influencia social, las redes sociales y la venta social.

La atención social tiene que ver con monitorear, responder y brindarle servicio al cliente en una plataforma social. La atención social ayuda a llenar cualquier brecha entre el contenido, los productos, el marketing y resolver problemas que la marca o el administrador de la comunidad desconocían. La influencia social es el acto de establecer una autoridad en las plataformas de redes sociales a través de la distribución de contenido útil y práctico. Las redes sociales se refieren a encontrar personas influyentes para defender tu marca. La venta social es el acto de encontrar indirectamente clientes potenciales que resultarán en conversiones. La mejor manera de aumentar tus ventas es mediante la construcción de comentarios constructivos.

Si quieres aumentar las ventas, aumentar la visibilidad de la marca, desarrollar una audiencia sólida y mejorar la tasa de conversión, entonces necesitas tener una comunidad sólida.

Capítulo Cuatro: Marketing

de Facebook

El crecimiento de Facebook no va a disminuir. En realidad, su popularidad está aumentando constantemente y el marketing de Facebook se ha convertido en la nueva táctica de marketing, por lo que, si quieres comenzar a hacer marketing en Facebook, deberás tener una estrategia en mente. En este capítulo, veamos de qué manera puedes desarrollar una estrategia de marketing para tu empresa en Facebook.

Tus Objetivos

Ninguna estrategia puede ejecutarse sin tener en mente ciertos objetivos. Lo mismo también se aplica al marketing de Facebook. Los objetivos te ayudarán a establecer las necesidades del mercado reales de tu empresa. Si quieres utilizar Facebook para marketing o para mejorar una estrategia existente, entonces tiene algunas necesidades en mente. No establezcas objetivos poco realistas que dependan de métricas de vanidad como la cantidad de "me gusta" o la cantidad de seguidores; En lugar de eso, debes abordar tus principales desafíos. Para una empresa, algunos objetivos serán aumentar la calidad de las ventas, agregar valor a la organización, obtener un mejor impulso de la industria y un mejor crecimiento. De hecho, Facebook te puede ayudar a lograr estos objetivos. El primer paso para mejorar la calidad de las ventas será a través de un mejor enfoque. Si tienes una estrategia bien pensada, puedes llegar a tu público objetivo de una manera bastante efectiva. No asumas que mientras más grande sea el estanque, mayor será el número de peces que capturarás. Debes entender que Facebook es solo un medio por el cual puedes lograr tus objetivos.

Facebook se puede utilizar para fomentar la relación de la empresa con sus clientes, para crear y mejorar el conocimiento y también para proporcionar mejores recursos a su audiencia.

¿Sientes que tus competidores siempre están un paso por delante de ti? Bueno, puedes comenzar a usar varias herramientas de seguimiento de redes sociales que pueden ayudarte a rastrear el movimiento de tus competidores en el mercado. El reclutamiento social no es fácil, pero ciertamente se está convirtiendo en una técnica muy popular hoy en día. Las redes sociales, especialmente Facebook, se pueden usar para facilitar el proceso de reclutamiento. Un crecimiento más inteligente implicará un aumento en la adquisición de clientes y una disminución en los gastos. Bueno, Facebook puede ayudar a lograr todo esto. Facebook ayuda en la reducción de gastos en publicidad, mayor enfoque y mejor venta social. Estas cosas, cuando se incorporan a tu estrategia de marketing de

Facebook, pueden ayudarte a alcanzar los objetivos organizacionales que podrías haberte establecido. El marketing de Facebook te ayudará a lograr estos objetivos con menos esfuerzo que los métodos convencionales. Se trata de trabajar de forma más inteligente, no más fuerte.

Estudiando Los Datos Demográficos de Facebook

La información demográfica es un elemento importante de cualquier estrategia de marketing, y el marketing de Facebook no es diferente. Cuando tomas el vasto alcance de Facebook, te das cuenta de que hay más de 1.600 millones de usuarios registrados que revisan sus noticias diariamente, así que es muy importante averiguar la manera en que puedes comunicarte con ellos. Además, es muy importante comprender las últimas características demográficas de los usuarios, ya que estas cifras siguen fluctuando. La edad y el género no son un obstáculo cuando se trata de usar Facebook. Cualquier persona con una conexión a internet y un teléfono inteligente puede crearse un perfil en esta red. Facebook ya no está restringido solo a la generación más joven. No pienses que solo los jóvenes de 18 a 25 años están activos en Facebook. Los datos demográficos de Facebook se extienden por todo el mundo. Hay mucha versatilidad presente en una empresa, así que trata de aprovecharla al máximo. Tu empresa tiene acceso a un portal internacional que trasciende todos los límites físicos. Esta es la mejor plataforma para implementar una estrategia de marketing dirigida a tu audiencia, independientemente de su ubicación.

Seleccionando y Programando Tu Contenido de Facebook

Cada plataforma de red social tiene su propio estilo de contenido; sin embargo, Facebook es muy versátil. Tu marca tiene muchas estrategias de contenido para escoger. Está la opción de Facebook Stories, live, imágenes, videos, o incluso solo contenido regular. Las oportunidades que tiene para ofrecer son ilimitadas. Para una empresa, todo lo que importa será la calidad del contenido que está siendo publicado, junto con la audiencia y sus expectativas de la página de Facebook y tu empresa. Recuerda que necesitas ser activo mientras promocionas tu empresa, pero no debes abusar. Tu página de Facebook no debe verse como un carro usado con muchos vendedores agresivos. El contenido que escojas publicar debe ser informativo, entretenido e interesante. Debe ser de algún valor para la audiencia. Tu página de Facebook necesita estimular las promociones, pero no debe restringirse solo a eso. Necesitas destacar los valores de tu marca, identificar tu audiencia objetivo, y también crear un espacio que sea muy único y especifico a tu empresa o marca.

Ahora que conoces la importancia del contenido, necesitas encontrar una forma de contenido que funcione bien para ti. Veamos los diferentes tipos de contenido a escoger, y la mejor forma en la que los puedes usar.

Estado: Este quizás es la forma de comunicación más simple que está disponible en esta plataforma. Si se usa apropiadamente, puede ser muy efectiva. Con la adición de varias funciones nuevas que te permiten cambiar el tamaño del texto y seleccionar un color de fondo, puedes hacer que tu estado se destaque y se vea muy atractivo.

Imágenes: Las publicaciones que tienen imágenes son más efectivas cuando se trata de la tasa de participación generada. No te confíes en que las imágenes hagan todo el trabajo por ti. Necesitarás usar imágenes que sean de alta calidad y que impresionen a tu audiencia. Necesitan ser agradables, creativas y atractivas. Es la única forma en la que puedes obtener la atención de tu audiencia.

Videos: Los videos son bastante usados hoy en día, pero muy pocos usuarios ven el video con sonido, como se supone que debe ser visto. El video publicado no debe ser muy largo, debe ser fácil de entender y siempre con subtítulos. El video nunca debe hacer sentir al usuario que fue una pérdida de tiempo.

Enlaces: Estos son medios perfectos para compartir noticias relacionadas con la industria y tu empresa. Necesitas encontrar contenido que sea muy interesante, y compartir los enlaces a dicho contenido.

Facebook Live: Este método recibe más atención en Facebook. ¡Con el crecimiento del contenido "en el momento" tu marca o empresa puede dar un adelanto en tu mundo en tiempo real! Esto ayudará a captar la atención de una audiencia mucho más grande.

Facebook Stories: Si eres usuario de Snapchat, entonces debes conocer las historias de

Snapchat (Snapchat stories). En la misma forma, Facebook ha creado el Facebook Stories. Tu historia en Facebook puede consistir de pequeños videos que pueden ser vistos por un usuario en cualquier momento.

Una vez que hayas descubierto el contenido que quieres utilizar, deberás programar una hora para publicar este contenido. Lo último que querrás hacer es publicar contenido casual, solo por publicar algo. La planificación del contenido significa que pensarás bien antes de publicar el contenido y esto ayudará a asegurarte de que el contenido que se publica sea de buena calidad. También mejora las posibilidades de que tu empresa atraiga a la audiencia, pero, en ocasiones, es posible que no tengas tiempo para crear contenido. En tal caso, puedes utilizar herramientas de publicación en redes sociales como Sprout Social para ayudarte a desarrollar contenido para tu página de Facebook. No te apresures a programar una publicación, tómate el tiempo, revisa el contenido y luego decide cuándo publicarlo.

Estrategia de Anuncios en Facebook

La estrategia de anuncios de Facebook tiene que ayudarte a incrementar tu conocimiento sobre tu marca. Hay dos cosas que debes considerar al diseñar la campaña publicitaria de Facebook, las cuales son la rentabilidad y relevancia. Ahora bien, necesitas mantenerte dentro del presupuesto asignado para la campaña. Un presupuesto es importante si quieres evitar clics innecesarios o sobreexposición. Si no estás gastando con prudencia, entonces estas fracasando con el propósito del marketing en las redes sociales. Los anuncios de Facebook que estarás usando igualmente necesitan ser relevantes. Focalizar a un público mayor no es necesariamente algo malo; Sin embargo, lo que podría ser relevante para un grupo podría no serlo para el otro. Si conoces a tu público objetivo, puedes diseñar anuncios conservando la demanda común. Esto tiene más sentido que diseñar contenido para una audiencia aleatoria.

Comienza la interacción, no esperes que tu audiencia tome el primer paso

Necesitas recordar que Facebook es una plataforma de redes sociales. Lo básico en cualquier plataforma social es la comunicación e interacción, así que debes interactuar con tu audiencia y no solo esperes a que ellos den el primer paso. Si eres pasivo en este aspecto, terminarás desalentando a tu audiencia. Y bien, tú ciertamente no necesitas eso. Comienza interactuando con tu público actual y clientes potenciales. Mantenlos actualizados con la información más reciente sobre tu empresa sin sobresaturarlos. El marketing en Facebook te brinda las oportunidades de conectarte con tu público y clientes potenciales, así que aprovéchalo al máximo.

Incentiva a Todo El Personal a Usar Esta Plataforma

Este es realmente un buen recurso promover a tus empleados. Puedes acercarte a tu audiencia a través de tus empleados si los provees con contenido que puedan compartir. Esto te permitirá accede a la base de sus seguidores. Ayudando a aumentar el alcance de tu empresa; sin embargo, el problema principal al que se enfrentan la mayoría de los profesionales del marketing será el de encontrar el contenido ideal. Adicionalmente, algunos de los empleados les entusiasma o les asusta mucho compartir el contenido de la empresa en sus redes sociales. Debes comenzar con un programa de apoyo para empleados que le permita a su personal hacer uso de las redes realmente grandes como Facebook para compartir información sobre la empresa. Utiliza Facebook como herramienta profesional para mostrar los beneficios que ofrece la empresa, cualquier nueva iniciativa, el entorno de trabajo, etc. Haz uso de tu fuerza laboral y anímalos a promover la empresa través en las de redes sociales.

Siguiendo y Analizando Tu Estrategia de Marketing

Si deseas que tu estrategia de marketing en Facebook sea exitosa, en tal caso, debes asegurarte de analizarla con regularidad. Hay diferentes métricas de publicidad que puedes utilizar para este propósito. Si deseas realizar algunos cambios en tu estrategia o mejorarla, puedes obtener información útil de las herramientas de análisis de Facebook. Cada profesional del marketing que usa las redes sociales sabe acerca de estas herramientas. Existen diferentes aplicaciones gratuitas y de pago que puedes utilizar para evaluar la efectividad de tu estrategia. Necesitas información sobre lo que funciona y lo que no funciona para desarrollar una estrategia que funcione. Aquí es donde Facebook Insights entra en escena. Esto te ayudará a comprender qué estrategias funciona, el tipo de contenido que atrae a tu público, sus gustos y preferencias, etc.

Optimización De La Página de Facebook

Tu página de Facebook es el punto de partida de todos los esfuerzos relacionados con el marketing. Sería ideal que tu posición en Google, así como en Facebook, sea fácil de buscar y encontrar para sus clientes y prospectos. Una vez que hayan encontrado tu página, debe ser atractiva para las personas para que quieran darle "Me gusta". Aquí hay algunas cosas que se pueden hacer para optimizar tu página para los propósitos mencionados anteriormente

Selecciona un nombre de usuario que sea descriptivo y memorable: una URL de este tipo se conoce como una URL de vanidad. La dirección web de tu página de Facebook será tu nombre de usuario para la página de Facebook (por ejemplo, www.facebook.com/nameofyourbusiness). La mayoría de las páginas recibirán una URL predeterminada que consta de números. Su nombre de usuario debe ser tal que pueda transmitir el tema de tu página, o el nombre de tu negocio completo, para que sea fácil para los motores de búsqueda, así como para los clientes, encontrar tu negocio en las búsquedas de Google y Facebook. Debes tener al menos 25 "me gusta" para reclamar esta URL de vanidad.

Usa palabras claves descriptivas en la sección "Acerca de": La sección **"acerca de"** de tu página de Facebook se considera la fuente principal de tu negocio inmobiliario, basados en texto, que posees. Asegúrate de que la descripción de tu negocio, así como tus productos, sean lo más precisas posibles, y usa palabras clave que los usuarios puedan utilizar mientras realizan sus consultas. Siempre debes incluir la URL de tu sitio web en la descripción que proporciones, y esto alentará a los usuarios a hacer clic en él.

Usa la categoría apropiada para tu negocio: la mayoría de las veces, las empresas tienden a enlistarse en la categoría incorrecta. Al hacer esto, reducen sus posibilidades de aparecer en la búsqueda de gráficos de Facebook. Si resulta que usted es una empresa local, debe asegurarse de seleccionar correctamente la categoría adecuada dentro de la cual se ubicará su empresa. Solo si hace esto, las personas podrán "registrarse" en su negocio. Si no tiene paso y no necesita ningún tipo de registro, entonces, en ese caso, puede seleccionar la opción de Empresas y Organizaciones.

Optimización de las imágenes en tu página: La primera cosa que verá un usuario al visitar tu página es tu foto de portada y de perfil. Las imágenes que utilices deben ser de buena calidad y deben presentar la sensación y el aspecto que tu marca desea exudar. Las imágenes utilizadas deben estar de acuerdo con los requisitos de tamaño óptimo. Esto significa que la foto de portada debe tener aproximadamente 851 X 315 píxeles y la imagen de perfil debe tener 160 X 1160 píxeles. Evita las imágenes que sean granuladas o de baja calidad.

Publicaciones ancladas: independientemente de lo que quieras creer, la mayoría de los usuarios solo visitarán tu página una vez. Ellos interactuarán con tu página a través de las publicaciones que aparecen en su suministro de noticias, pero realmente no volverán y revisarán tu página. Por esta razón en particular, la función principal de tu página es hacer que el usuario haga clic en el botón "Me gusta". Facebook permite que el administrador de una página coloque 1 publicación en la parte superior de su página. Asegúrate de que el tema de esta publicación que se puede anclar sea interesante, único y llame la atención del espectador.

Usa los Grupos de Facebook

La herramienta principal que todas las empresas deben usar en Facebook para comercializar sus negocios son los grupos de Facebook, pero incluso los grupos pueden demostrar ser una estrategia de marketing efectiva en diferentes industrias y nichos. Cuando se utilizan de la manera correcta, los grupos pueden ayudar a generar mucho tráfico e incluso pueden llevar a un aumento en el compromiso para tu negocio. Al tomar parte en otros grupos específicos de la industria, establézcase usted mismo como una autoridad en ese campo en cuestión. Proporcionar consejos útiles e información útil lo ayudará a convertirse en un miembro valioso en cualquier grupo y, una vez que las personas empiecen a confiar en usted, querrán saber más sobre usted y su negocio. Quizás uno de los usos más importantes de un grupo de Facebook sea la creación y la participación en grupos relacionados con tu propia área de interés. Los grupos te brindarán la oportunidad de involucrarte con tu audiencia de una manera personal y relatable.

También ayudará a su empresa a convertirse en parte de las conversaciones regulares que tiene su público objetivo. Cree un grupo que sea receptivo a cualquier cosa relacionada con su campo o industria. Por ejemplo, si resulta que usted es un contratista, entonces una idea viable será crear un grupo en Facebook donde las personas podrán hacer preguntas o discutir renovaciones, proyectos de construcción de bricolaje y mucho más.

Incentivando Las Redes Sociales en Facebook

El sitio web de tu empresa y Facebook deberán trabajar juntos y deben tener una relación simbiótica. Tu embudo de marketing ayudará a dirigir el tráfico desde tu página de Facebook hacia tu blog o su sitio web; sin embargo, también deberás asegurarte de proporcionar a los visitantes de tu sitio una opción de "Me gusta" y compartirla en Facebook, para interactuar con tu página. Asegúrate de que todo el contenido de tu sitio tenga un botón para dar "Me gusta y compartir" justo al lado. Estos botones se pueden agregar manualmente, o también puedes hacer uso de diferentes servicios de terceros, como AddThis o incluso el complemento de WordPress para personalizar tus botones y para facilitar el proceso de agregarlos a tu sitio. Para que los visitantes de tu sitio web tengan la oportunidad de disfrutar e interactuar con la página, debes incluir un complemento de página hacia la barra lateral presente en su sitio. Cuando configuras un complemento, se le proporcionarán varias opciones con respecto a la forma en la que deseas que se vea. También puedes incluir algo como "Mostrar publicaciones de página" para que los visitantes de tu sitio web reciban una vista previa del tipo de contenido que normalmente se comparte en la página web.

Aumentando La Visibilidad en Tus Publicaciones

Una queja común de la mayoría de los propietarios de páginas es que gran parte de sus seguidores nunca llegan a ver sus publicaciones. Esta preocupación ha sido abordada por Facebook y han logrado rastrear hasta dos factores principales. El primero es el gran volumen de contenido que se comparte en Facebook; esto significa que no hay espacio suficiente en el suministro de noticias del usuario para mostrar cada publicación. Esto significará que la competencia por la colocación de las publicaciones dentro de la fuente de noticias de un usuario es bastante feroz y reduce la exposición de las publicaciones orgánicas. La segunda razón para la reducción de la visibilidad de la publicación es que el algoritmo de Facebook se ha diseñado de tal manera que solo muestre el contenido más relevante para sus usuarios. Ahora, la relevancia se determina teniendo en cuenta una multitud de factores que incluyen la manera en que una persona ha interactuado con la página en el pasado, el tipo de publicaciones que se comparte y también la popularidad de las publicaciones anteriores en una página entre sus usuarios. En pocas palabras, cuanto más populares sean sus publicaciones, su visibilidad aumentará. Podrás mejorar la visibilidad de tus publicaciones en los feeds del fan, y esto será mediante el uso de los siguientes consejos:

Usa videos en tu estrategia de publicación: el alcance de los videos es comparativamente más alto que el de los estados de solo texto. Los videos son más atractivos y pueden ayudar a captar la atención de un espectador con bastante facilidad.

Ten en cuenta la información de la página para descubrir el tipo de contenido que parece atractivo para tu audiencia: la información de la página suele consistir en una gran cantidad de datos sobre el tipo de contenido que puede lograr una mayor tasa de interacción con tu audiencia. Comprueba los formatos de las publicaciones que obtienen la mayor visibilidad (ya sean imágenes, videos, enlaces o textos) y también los temas que parecen atraer a tu audiencia. Además, mantén un registro de los días y horas, así como la frecuencia de publicación, que parecen funcionar con tu audiencia.

Al publicar sobre contenido que sea promocional, asegúrate de haber incluido una historia de fondo relevante y entretenida para garantizar una visibilidad óptima. En 2014, Facebook anunció que limitará la visibilidad de las publicaciones que se consideraron "demasiado promocionales" (esto incluirá todas aquellas publicaciones que impulsarán a un usuario a comprar un producto, participar en un concurso o donde el contenido se haya reutilizado de un anuncio).

Para dar a sus publicaciones promocionales la mejor oportunidad de ser vistas, deberás asegurarte de que el contenido que se proporciona sea atractivo y que sea más que una simple súplica para comprar tu producto o visitar tu sitio web.

Hazte esta pregunta "¿Pensarán mis fans que esta publicación es interesante de leer e interactuar, incluso si no están interesados en comprar el producto que estoy ofreciendo?"

Cuando y Qué Tan Seguido Hacer Publicaciones

Algunos emprendedores tienden a atascarse en las publicaciones en las horas y días correctas, para lograr un alcance y un compromiso óptimos. La verdad es que no existe un enfoque fijo con respecto al enfoque de publicar en el momento correcto que se ajuste a las necesidades de todos los usuarios. Puedes encontrar información disponible en línea sobre esto; Sin embargo, será mejor si puedes hacer tu propia investigación. Asegúrate de consultar tu Facebook Insights para confirmar que estas prácticas también sean válidas para tu audiencia. Algunas personas tienden a creer que publicar los jueves y viernes resulta en una mayor tasa de participación, y luego hay otros que creen que publicar entre la 1 pm y las 3 pm ayuda a obtener la máxima visibilidad. Bueno, puedes probar estas dos teorías por ti mismo.

Cuando se trata de la frecuencia de publicación, hay una sugerencia que realmente funciona muy bien, y es que debes conocer la diferencia y mantener un equilibrio entre ser informativo y molesto. Hay algunas empresas que han logrado alcanzar el éxito publicando entre 5 y 10 veces en un día, y luego hay algunas que quizás solo publican de 1 a 3 publicaciones en una semana y también les ha sido efectivo. Bueno, SocialBakers descubrió que hacer menos de 2 publicaciones por una semana no te ayudará a involucrarte con tu audiencia y, en realidad, podrías perder el compromiso con ellos. Si terminas haciendo más de 2 publicaciones por día, entonces bombardearás a tu audiencia con demasiada información, por lo que el número ideal de publicaciones que debes publicar en una semana será de 5 a 10. Esto ayudará a garantizar al máximo interacción con tu audiencia.

Explorar Opciones De Pago

Es bastante posible crear una visibilidad decente para tus publicaciones haciendo uso de estrategias gratuitas; debe buscar formas de complementar estas estrategias orgánicas con algunas pagas. Actualmente, Facebook tiene dos formas principales de ampliar el alcance de sus publicaciones. La primera es impulsando las publicaciones. Esto ayudará a mejorar la visibilidad de tu publicación en el feed de noticias del usuario. Puedes seleccionar si quieres que tu publicación se muestre a los seguidores de tu página, a los amigos de tus seguidores u otras personas a quienes puedas seleccionar a través de la dirección. Las opciones de dirección disponibles para tu publicación incluirán intereses, el grupo de edad, género y la ubicación de tu audiencia ideal. Para impulsar una publicación en particular, debes hacer clic en "Impulso" cuando estás creando una nueva publicación. También encontrarás esta opción en cualquier publicación anterior si estás interesado en impulsar una publicación que ya se ha publicado.

Impulsar las publicaciones es una manera realmente fácil y eficiente en la que se puede extender el alcance de tus publicaciones; Sin embargo, una mejor estrategia es optar por crear una publicación promovida. La segunda forma en que puede usar las opciones de pago será mediante publicaciones promocionadas. Se puede acceder a estas a través del Administrador de Anuncios de Facebook. Para crear tu propia publicación promovida, debes abrir el Creador de anuncios de Facebook y hacer clic en la opción "Impulsar tus publicaciones". A pesar de que se conoce como Impulsar (Boosting), esto ayuda con las opciones de dirección y presupuesto de una mejor manera que la opción de "impulso" que ofrece la página.

Cuando Promocionar Una Publicación en Específico

Una de las principales dificultades que enfrentan los emprendedores o profesionales del marketing en Facebook es que entienden cuándo deben promocionar una publicación. En general, su objetivo es promover aquellos mensajes que te ayudarán a lograr un objetivo particular, como dirigir el tráfico a tu sitio web o vender un producto en particular. Cuando te hayas decidido sobre la publicación que quieres promover, entonces debes considerar el uso de la estrategia STIR. Esta estrategia te permite responder ciertas preguntas antes de considerar la promoción de una publicación. La estrategia STIR es sinónimo de vida útil, tiempo, impacto y resultados. Una vez que haya logrado responder a estas preguntas, comprenderás si debes promover una publicación de este tipo o no.

Capítulo Cinco: Publicidad

en Facebook

La psicología de los anuncios de Facebook depende de cuan efectivo es el anuncio. Existen diferentes maneras en que la psicología tiene un rol en los anuncios de Facebook. Utiliza rostros para para capturar la atención de la audiencia y hacer que el anuncio sea más atractivo. Las emociones siempre vencen sobre la racionalidad. Los rostros muestran expresiones y estas llaman la atención de los humanos en general. Las emociones positivas llevan a un mejor desempeño del anuncio. Los colores brillantes siempre llaman la atención del lector, así que utilízalos en tu anuncio. Los anuncios que promueven la disonancia cognitiva apelan a una audiencia y también lo hace la exclusividad. Aprenderás acerca de todos estos conceptos y mucho más en esta sección acerca de crear y optimizar los anuncios de Facebook.

Facebook tiende a ofrecer varias opciones de publicidad, además de promover una publicación individual. Puedes seleccionar el tipo de anuncio de acuerdo a una variedad de objetivos. Como mencionamos anteriormente, uno de los objetivos puede ser impulsar o promocionar una publicación en particular. Hay diferentes opciones que incluyen promocionar tu página web, redireccionar a las personas a tu página, incrementar la tasa de conversiones y además ayudar a los usuarios a reclamar cualquier oferta que hayas promocionado. Una vez que seleccionaste el objetivo de tu campaña puedes elegir de objetivos, las opciones de pagos y seleccionar el creativo que quieres para tu anuncio. Seleccionar el objetivo para ti campaña te puede ayudar a lograr tus metas publicitarias. Hay tres opciones de colocación disponibles, estas son el feed de noticias en el escritorio, las noticias móviles y la columna de la derecha. La opción por defecto seleccionara las tres anteriores. Para que tu anuncio deje de aparecer en alguna de las localizaciones, simplemente debes hacer clic en la opción "remover" que está presente detrás del nombre de la localización.

Es bastante fácil gastar tiempo y dinero en los anuncios de Facebook sin ser capaz de alcanzar tus objetivos. Los anuncios son una manera efectiva de obtener tráfico, me gustas y conversiones; sin embargo, hay ciertas prácticas que son bastante efectivas y que te ayudarán a alcanzar tus metas de una manera más simple.

Creando y Optimizando Anuncios

En esta sección, aprenderás los diferentes pasos que necesitas seguir para crear y optimizar tus anuncios de Facebook.

Editor Apropiado

Existen dos herramientas diferentes que ofrece Facebook para crear anuncios, estas son: Ads Manager y Power Editor. Cuando intentas decidir entre estas dos, necesitarás considerar el tamaño de tu marca, o tu empresa y el número de anuncios que quieres tener a la vez. El Ads Manager atiende las necesidades de la mayoría de los negocios, pero Power Editor es una buena opción para grandes anunciantes que quieren tener control preciso de sus campañas.

Objetivo

Como muchas otras redes sociales, el Ad Manager de Facebook ayuda a diseñar la campaña, pero, para eso, necesitas tener un objetivo en mente. Antes de iniciar el diseño de tu campaña, el Ads Manager te pedirá que selecciones el objetivo de la campaña. Hay diez diferentes objetivos de los cuales puedes elegir. La lista de objetivos incluye Page Post Engagement, Conversiones del sitio web, respuestas de eventos, clic al website, reclamación de ofertas, instalaciones de aplicación, Likes de Paginas, App Engagement, vistas en los videos. Cuando seleccionas un objetivo, le das a Facebook una mejor idea de que es lo que quieres de manera que pueda ayudarte a crear un anuncio que se adapte a tus necesidades.

Si tu meta es aumentar el tráfico a tu sitio web, selecciona esta opción de la lista de objetivos. Una vez que hagas esto, Facebook le pedirá que escriba la URL que desea promover. Si planeas utilizar cualquier software de marketing automatizado, debes asegurarte de que estás utilizando una URL de seguimiento distintiva que tiene factores UTM para rastrear el tráfico y las conversiones.

Selecciona Tu Audiencia

Si esta es la primera vez que utilizas anuncios en Facebook, entonces posiblemente deberás probar un par objetivos diferentes hasta que encuentres un anuncio que llegue al público objetivo. Hay diferentes criterios que puedes utilizar. Si no estás seguro de si necesitas seleccionar una audiencia específica o amplia, debes considerar cuál es el objetivo que decidirás. Si deseas impulsar el tráfico, entonces necesitas concentrarse en el tipo de personas que están interesadas en lo que ofreces. Si deseas que tu marca gane importancia, entonces tiene sentido crear un anuncio que atraiga a una audiencia general. Los diferentes factores que debes considerar cuando deseas crear un anuncio son ubicación, edad, sexo, idioma, relación, trabajo, finanzas, etnicidad, eventos de la vida, educación, intereses, comportamiento y conexiones. También tienes la opción de seleccionar una audiencia personalizada. Cuando optas por una audiencia personalizada, puedes dirigirse a personas de la lista de contactos de tu empresa, a quienes visitan el sitio web o a los usuarios de tu aplicación. Una vez que encuentres un grupo que responda favorablemente al anuncio, deberás guardarlo para utilizarlo más adelante.

Presupuesto

Facebook ofrece dos tipos de presupuestos para un anuncio, y son un presupuesto diario y un presupuesto de por vida. Si deseas que el anuncio se publique continuamente a lo largo del día, debes optar por el presupuesto diario. Cuando utilices esta opción, Facebook calculará el ritmo de tus gastos diariamente. El presupuesto mínimo que puedes establecer es de 1 USD por día, y debe ser al menos el doble de su CPC. Si deseas mostrar el anuncio durante un período específico, debes seleccionar la opción de duración. Esto significa que Facebook acelerará el presupuesto durante el período en el cual quieres mostrar el anuncio. Hay un par de opciones avanzadas que puedes utilizar para especificar tu presupuesto.

Necesitas decidir el horario para el anuncio. Por ejemplo, ¿desea que el anuncio se publique inmediatamente o desea personalizar la duración de la campaña? Incluso puedes personalizar el anuncio para que se muestre solo durante horas específicas del día o días.

Debes seleccionar si quieres invertir para alcanzar tu objetivo, clics e impresiones o no. Esta decisión influenciará la forma en que se mostrará el anuncio. Al hacerlo estarás pagando por un anuncio específico que se mostrará a las personas dentro de tu audiencia objetivo quienes tienen más probabilidades de tomar la acción deseada. Cuando uses los anuncios de Facebook, Facebook controlará tu inversión máxima. Opta por una inversión manual cuando no quieres que Facebook lo haga por ti. Esta opción te dará un control completo sobre la cantidad que deseas gastar por cada acción que se complete. También es necesario seleccionar la opción de entrega. Las dos opciones de entrega que debes elegir son entregas estándar y entregas aceleradas. Si optas por la entrega estándar, tu anuncio se mostrará a lo largo del día y, con la entrega acelerada, puede llegar a tu público objetivo rápidamente si es un anuncio sensible al tiempo. La opción de entrega acelerada requiere un precio de oferta manual.

Crea El Anuncio

¿Cómo quieres que se vea el anuncio final? La respuesta a esta pregunta depende de tu objetivo. Si desea dirigir el tráfico a tu sitio web, entonces el Administrador de anuncios te recomendará la opción de publicidad "Haga clic en el sitio web". Esta opción se divide en dos formatos, los cuales son enlaces y carruseles. Esto significa que puedes mostrar un anuncio de una sola imagen con enlaces o un anuncio de múltiples imágenes con carrusel. Después de elegir el formato del anuncio, carga los recursos creativos. Es fundamental tener en cuenta que hay ciertas especificaciones que debe cumplir cuando cargue tus elementos creativos. Por ejemplo, para un anuncio de una sola imagen, el texto que utiliza debe tener un máximo de 90 caracteres, el título del enlace debe tener 25 caracteres, la relación de aspecto de la imagen es de 1.9: 1 y el tamaño de la imagen debe ser de 1200 píxeles x 627 píxeles. Si deseas que las imágenes aparezcan en el feed de noticias, entonces el ancho de imagen sugerido debe ser de al menos 600 píxeles.

Si quieres optar por un anuncio de Carrusel, entonces el tamaño de imagen recomendado debe ser 600 X 600 píxeles, la relación de aspecto de la imagen debe ser 1: 1, el texto no puede exceder los 90 caracteres, el título debe estar dentro de los 40 caracteres, y la descripción del enlace debe tener 20 caracteres y las imágenes que utilice no pueden incluir más del 20% del texto.

Informes

Una vez que el anuncio está activo y en funcionamiento, el trabajo no termina ahí. Es necesario mantener un ojo en el rendimiento del anuncio. Puede utilizar algún software de marketing o el Administrador de anuncios de Facebook para ver los resultados del rendimiento. Si decide utilizar el Administrador de anuncios de Facebook, el sofisticado panel de control que proporciona el Administrador te ayudará a tener una visión general de la campaña publicitaria. El tablero de instrumentos se enfoca en una estimación de los costos en que incurra por día; está organizado en columnas que facilitan el filtrado a través de los anuncios para que pueda crear una vista personalizada de los resultados. Las métricas clave que debe tener en cuenta incluyen el rendimiento, el compromiso, los videos, el sitio web, las aplicaciones, los eventos, los clics y la configuración. Las diferentes herramientas de publicidad de Facebook que puede utilizar incluyen el Administrador de anuncios de Facebook, la Aplicación del Administrador de anuncios de Facebook, Hootsuite Ads, Qwaya, AdEspresso, AdSpring, PerfectAudience, AdRoll y Driftrock.

Usa Siempre el Targeting

Hacer publicidad a una audiencia general sin ningún tipo de orientación es un trabajo tedioso y se podría decir que te estás preparando para el fracaso. No solo eso, también será una pérdida de tiempo y dinero. Impulsar una publicación desde tu página puede ser bastante efectivo a veces; Sin embargo, tomarse el tiempo para promocionar una publicación en su Administrador de anuncios puede ser bastante efectivo y te ayudará a alcanzar tus objetivos con bastante rapidez. Hay muchas formas en las que puedes dirigirte a una audiencia, y una cosa que seguramente debes probar es la opción de apuntar probar es la opción de dirigirte a la audiencia de acuerdo con su comportamiento.

Colocación de Contenido

Es probable que la mayoría de los usuarios solo miren el contenido que se coloca al inicio del anuncio. Por esta razón, es muy importante que el contenido que consideras importante debe ubicarse justo al comienzo del anuncio. Puede ser un enlace o puede ser una llamada a la acción.

Circulación del anuncio

Si estás haciendo uso de una orientación específica para el anuncio tienes que mantener la publicidad dirigida a esa pequeña audiencia repetidamente. Esto significará que tendrá que cambiar la imagen utilizada para tu anuncio después de cada una o dos semanas. Hacer uso del mismo contenido repetidamente cansará a tus clientes y reducirá las posibilidades de que tu anuncio sea notado. Si esto sucede, es muy probable que tu público objetivo simplemente salte el anuncio. Puedes utilizar conversiones de píxeles para realizar un seguimiento de la efectividad de sus anuncios. Si estás interesado en comprar varios anuncios, entonces debes usar píxeles de conversión para descubrir aquellos anuncios que te ayudarán a alcanzar tus objetivos. Puedes seleccionar de un rango de tipos de conversión mientras creas tu píxel; Esto incluirá confirmaciones, registros, vistas de página generadas, clientes potenciales, etc. Puedes encontrar más información en la página de ayuda en Facebook.

Usar una llamada a la acción fuerte: siempre debes informar a los usuarios qué es lo que desea que hagan. No siempre tienes que imponerlo, en lugar de decirles que deben hacer algo, indícales por qué necesitan hacer esto. Esta estrategia es más convincente.

Usa Diferentes Anuncios Para Diferentes Sitios

Facebook le permite usar las mismas imágenes y copiar para diferentes anuncios. Es muy importante que los anuncios creados se hayan creado teniendo en cuenta múltiples plataformas. Los anuncios que se muestran en el feed de noticias en un teléfono, en la web y la columna derecha del escritorio son bastante diferentes, y estas diferencias deben tenerse en cuenta.

Facebook es una plataforma brillante no solo para encontrar a tu público objetivo, sino también para interactuar con ellos. Cuando se utiliza de forma adecuada, puede ayudarlo a aumentar el flujo de tráfico, tu visibilidad y la tasa de conversiones.

Pruebas Divididas

Las pruebas divididas te ayudan a medir la efectividad de un anuncio y puedes descubrir que publicidad, imagen o formato te ayuda a obtener mejores resultados. Las pruebas divididas ofrecen resultados basados en estadísticas.

Si quieres hacer una prueba dividida a un anuncio de Facebook, necesitas seleccionar la opción de Prueba Dividida en el nivel de campaña cuando selecciones tu objetivo para la campaña publicitaria. Los únicos dos objetivos o cual prueba no está disponible todavía son conocimiento de marca y visitas a la tienda. La característica de prueba dividida te permite probar la audiencia, ubicación y optimización de la inversión.

Desde el menú de Administrador Anuncios, haz clic en la opción de 'Crear'. Puedes utilizar Creación Guiada en vez del flujo de Creación Rápida, si estás utilizando las pruebas divididas por primera vez.

Tomemos un ejemplo para entender cómo funcionan las pruebas divididas. Por ejemplo, tienes dos formatos de anuncios y no estás seguro de cuál elegir. Entonces necesitas usar la prueba dividida. El objetivo que deseas probar es Tráfico para dirigirse a todos aquellos que han visto el contenido y necesitan ser dirigidos al sitio web en cuestión. Debes verificar el objetivo de la lista que figura en la casilla de verificación de prueba dividida.

Una vez que selecciones el objetivo, ve al nivel de conjunto de anuncios y en la sección Variable haz clic en Creatividad. Te permite crear dos opciones de anuncios: A y B. Puedes agregar hasta 5 anuncios diferentes a la vez si seleccionas Probar otro anuncio.

Selecciona tu audiencia, ubicación, optimización de ofertas, programación y presupuesto de prueba del resto del conjunto de anuncios.

En el ejemplo anterior, la idea era apuntar a todos aquellos que vieron el contenido del video. Por lo tanto, en la sección de audiencia, debes seleccionar Audiencias personalizadas de video. Alternativamente, también puedes optar por el compromiso de página o el tráfico del sitio web. Si no tienes una audiencia personalizada disponible, selecciona "Audiencia guardada" y "Audiencia de aspecto similar".

Los siguientes parámetros que debes seleccionar son las configuraciones de ubicación, entrega y optimización. Puedes optar por la opción de ubicación automática predeterminada y optimizar para clics de enlace (la otra alternativa es optimizar para las vistas de página de destino).

Después de esto, debes seleccionar el presupuesto y el calendario de pruebas. Puedes ejecutar la prueba desde 3 a 14 días. Una vez que completes la sección Conjunto de anuncios, haz clic en Continuar para ir al nivel de anuncio.

Ahora, necesita crear todas las variaciones de anuncios que desees probar. Por ejemplo, si deseas probar la efectividad de un anuncio de carrusel y un anuncio de una sola imagen, debes nombrar el anuncio A como anuncio de carrusel. Luego debes seleccionar la página de Facebook en la sección Identificar.

A continuación, debes seleccionar el formato de carrusel y completar el anuncio.

Significa que necesitas imágenes de anuncios, titulares y enlaces, así como descripciones.

Una vez que hayas creado el Anuncio A, es hora de pasar al Anuncio B. Para hacer esto, haz clic en Continuar con el Anuncio B. Facebook completará automáticamente los detalles de acuerdo con el Anuncio A. Necesitas cambiar un par de detalles para ejecutar la prueba. En la instancia dada, necesitas cambiar el formato del anuncio.

Dado que el anuncio A es un anuncio de carrusel, el anuncio B será un anuncio de imagen única. Entonces, selecciona la opción Imagen única de la sección de formato de anuncio y luego agrega la imagen que utilizaste en el primer carrusel. Agrega el texto, el enlace, el CTA (si corresponde) y todos los detalles que agregues aquí deben coincidir con una tarjeta del anuncio de carrusel que creaste.

Una vez que hagas esto, haz clic en Confirmar y podrás revisar la campaña. Ahora, puedes dividir con éxito la prueba de tu anuncio.

Puedes utilizar la opción de prueba dividida creativa para comparar dos formatos de anuncios. Aparte de esto, también puedes usarlo para probar variaciones de copia de anuncios, titulares, botones de llamada a la acción, imágenes, anuncios de carrusel basados en imágenes con anuncios de carrusel basados en video y anuncios de video contra otros anuncios de video.

La opción de prueba dividida te permite probar diferentes variables creativas para aprovechar al máximo tus anuncios de FB.

Capítulo Seis: Historias de Facebook

Si quieres compartir tus aventuras con todos tus amigos y seguidores en Facebook, entonces necesitas usar las Historias de Facebook. Es mejor que cargar una imagen y ofrece un par de opciones diferentes para animar las fotos o videos que deseas compartir. Es importante asegurarse de que su campaña publicitaria esté al día con las últimas actualizaciones y funciones en Facebook.

Facebook Stories es bastante similar al suministro de noticias, pero la única diferencia entre las dos es que la primera es más visual. Permite al usuario agregar diferentes filtros y efectos a la cámara, y requiere que lo publiques en la sección de Historias y no lo cargues como una publicación regular. Las historias que creas en Facebook se pueden compartir con un grupo de personas, o incluso con un solo usuario. Una vez que publiques una historia, estará disponible durante 24 horas y luego desaparecerá. Es bastante similar a Snapchat Stories.

Para preparar tus fotos para las Historias de Facebook, hay tres opciones disponibles para ti. Abre la aplicación de Facebook en tu teléfono móvil, toca el ícono de tu historia y luego el ícono de la cámara hacia el lado superior izquierdo de la pantalla. Debes presionar el botón de grabación para tomar una foto o un video. Si deseas compartir una foto preexistente, puedes subirla desde el rollo de tu cámara.

Si deseas utilizar esta función en el escritorio, entonces necesitas crear una publicación como lo harías normalmente para cualquier publicación en el Feed de Noticias. Una vez que esté listo, en lugar de cargarlo como una publicación habitual, debes agregarlo a tu historia.

Facebook introdujo la función de Facebook Stories en 2017. Si deseas que tu marca o negocio se sienta a la moda y fresco, debes asegurarte de estar al tanto de todos los nuevos desarrollos que siguen presentando.

Prácticas de Historias de Facebook Para Empresas

La función Facebook Stories es un clon de la opción Snapchat Stories o la función Instagram Stories. Debes asegurarte de estar familiarizado con esta práctica antes de decidir utilizarla en la página de tu negocio. Lo primero que debes hacer es realizar una encuesta previa al viaje, verificar todos los botones y sus funciones y luego realizar una prueba rápida.

Como dueño de una empresa, eres el embajador de tu negocio y tus publicaciones en Facebook necesitan reflejar lo mismo. No solo tus publicaciones, sino tus historias. Necesitas asegurarte de que los emojis, los filtros, los colores, los marcos, los colores del texto y los hashtags que uses estén orientados a la marca. Intenta mostrar tu voz de marca de una manera divertida y creativa.

Necesitas publicar historias de Facebook regularmente y con frecuencia. Facebook Stories ofrece un vistazo rápido a todo lo que está sucediendo contigo y tu negocio, por lo que, si deseas proporcionar a tus seguidores y amigos actualizaciones entretenidas, entonces opta por Facebook Stories. Debes tener en cuenta el momento en que la mayoría de tus seguidores estarán en línea y publicarla en consecuencia. También puedes agregar historias en distintos momentos del día. Debes asegurarte de que el contenido que cargues llegue a un público objetivo; si no lo haces, entonces anulas el propósito de la publicidad por completo.

Recuerda que todos los seguidores de tu página de negocios verán tus historias. Para la mayoría de las personas, las historias son una manera simple de establecer una conexión personal con los espectadores, así que ten en cuenta que se trata de formar una conexión personal sin sobrecargarlos con el desorden de los negocios. Necesitas encontrar el equilibrio perfecto entre los negocios y lo personal. Comparte algunas publicaciones que sean divertidas y ligeras, comprimiendo algunas de tus publicaciones sobre negocios.

Tus seguidores de Facebook siempre están buscando algo real y auténtico. Tú eres es el embajador de tu negocio, pero no olvides proporcionarle a tu audiencia algo que los enganche. Puedes fomentar y mejorar la relación con los usuarios en línea con las Historias de

Facebook. Para hacer que las historias se sientan un poco personales, puede agregar selfies, publicar imágenes sobre los puntos interesantes del día, ofrecer un vistazo rápido a las operaciones o incluso puedes agregar algunas citas o "pensamientos profundos". Por ejemplo, si tienes que hacer un gran anuncio o planeas un gran evento para el futuro, puedes usar las Historias de Facebook para proporcionar actualizaciones diarias sobre el mismo.

Lo único que nunca debes olvidar cuando utilizas la publicidad de Facebook es que la gente se dirige a Facebook porque es divertido y entretenido para ellos, por lo que debes asegurarte de que tus Historias de Facebook sigan estos simples criterios. La mejor forma en que puedes hacer que la gente espere tus actualizaciones es ofrecerles algo de valor. Debes entretenerlos, compartir cosas que les den la sensación de que son valorados, ofrecerles ideas que no puedan obtener de nadie más y exhibir un lado privado de tu negocio exclusivamente a través de tus Historias de Facebook.

Ahora que conoces Facebook Stories, el siguiente paso es incorporarlos con éxito a tu campaña publicitaria.

Capítulo Siete: Facebook

Live

En estos días, los videos en vivo se han convertido en una forma bastante popular de publicidad. Facebook Live es una opción para la transmisión de videos en vivo que ofrece Facebook. Puedes transmitir videos en vivo a tu audiencia, ya sea a través del perfil de tu empresa o tu perfil personal. Facebook Live fue lanzado en abril de 2016 y se ha vuelto bastante popular entre los vendedores y anunciantes en línea en estos días. Una vez que creas un video en Facebook Live, permanecerá en tu página o perfil para que todos aquellos que se perdieron el evento en vivo puedan verlo posteriormente. El video se mostrará en el suministro de noticias del usuario durante el evento, y también cuando finaliza el evento. Podrías preguntarte por qué una empresa necesita usar esta función. Bueno, aquí hay un par de razones que sin duda harán que incluyas los videos de Facebook Live en tu campaña publicitaria.

Ayuda a la empresa a conectarse con su audiencia de una manera genuina, y le da a la marca una sensación humana. Si alguna vez sentiste que la audiencia tiende a ver tu marca como un robot corporativo, puedes cambiarlo con esta función.

Puede interactuar fácilmente con los usuarios en tiempo real y responder a sus preguntas. Te da la oportunidad de interactuar con tus espectadores cuando estén interesados.

Puedes usar Facebook Live para mostrar un evento a todos aquellos que no pueden asistir a él en la realidad. Te ayuda a conectarte con tus clientes y seguidores. También te ayuda a compartir cualquier actualización relacionada con la industria. Aparte de esto, también te ayuda a mostrar tu cultura empresarial. Es la manera perfecta de darle un toque humano a tu marca.

Cuándo Usar Facebook Live

Necesitas saber cuándo puedes usar Facebook Live. Hay ciertos casos en los que un video de Facebook Live funciona mejor que una publicación regular. En esta sección, conocerás las diferentes instancias en las que puedes usar Facebook Live.

Si desea darle a tu audiencia una idea de la experiencia de tu negocio o marca, entonces usa Facebook Live. Funciona excepcionalmente si tienes una tienda física. Expresa la apariencia de tu tienda o negocio de una manera que no puede transmitir a través de textos o imágenes.

Utiliza esta función cuando desees organizar eventos o seminarios web. Un seminario web bien planificado es una manera fácil de atraer clientes potenciales.

Si deseas realizar alguna sesión de preguntas y respuestas, ¿qué es mejor que hacerlo en tiempo real? Cuando puedes interactuar con tus espectadores en tiempo real, tienes un mayor impacto que a través de las conversaciones regulares en línea. De hecho, si programas una sesión de preguntas y respuestas, dándole el impulso necesario, puedes atraer a muchos de tus espectadores. Ayudando a construir una mejor relación.

Usa Facebook Live para ofrecer clases en línea. La información es el producto más valioso en estos días. Si puedes ofrecer información gratuita y valiosa, puedes desarrollar una base de audiencia leal. El público querrá visitar tu página con más frecuencia si puedes ofrecerles algo de valor.

Los lanzamientos de productos son bastante emocionantes. Si estás planeando el lanzamiento de un producto, no olvide transmitirlo en

Facebook Live. También es una buena plataforma para ofrecer servicio al cliente.

Cómo Iniciar un Evento de Facebook Live

Bueno, ahora que sabes de qué se trata Facebook Live, el siguiente paso es comenzar a utilizarlo. En esta sección, aprenderás sobre los sencillos pasos que debes seguir para comenzar. Necesitas un teléfono móvil o una computadora de escritorio con una buena cámara y un micrófono para iniciar un evento de Facebook Live.

El primer paso es hacer clic en el botón Video en vivo. Si estás utilizando Facebook desde tu teléfono móvil, aparecerá un pequeño botón cuando redactas una publicación que dice "Vídeo en directo". Haga clic en él para comenzar. Si estás utilizando un equipo de escritorio, verás la opción "Video en vivo" debajo del cuadro "Publicar".

El siguiente paso es escribir una descripción llamativa. La descripción, junto con la miniatura del video, son los fragmentos más importantes del video. Sin un contenido convincente, no podrás atraer a los espectadores para que vean el video. Al escribir la publicación, asegúrate de que sea directa, procesable e informativo. Trata de dar al espectador la información necesaria, pero reten algo de contenido para poder crear cierta sensación de curiosidad.

Una vez que hagas todo esto, es hora de ponerte en posición e "Ir al en vivo". Si deseas filmar una serie recurrente, intenta ser consistente en tu ubicación. Debes usar el mismo "conjunto" si se trata de una serie recurrente, así que elige la ubicación con cuidado. Utiliza un micrófono externo para mejorar la calidad del sonido.

Una vez que hayas terminado, haz clic en Finalizar y la secuencia concluirá. Asegúrate de filmar correctamente y de no terminar abruptamente la transmisión.

Una vez que finaliza la transmisión en vivo, tu video puede seguir vivo para todos aquellos espectadores que se perdieron del evento en vivo. Puedes compartir el video en la página e incluso realizar las modificaciones necesarias.

Usando Facebook Live Con Una Computadora de Escritorio

Si desea utilizar Facebook Live desde una computadora de escritorio, debes abrir el navegador de tu elección y luego visitar Facebook.com.

Hacer clic en el cuadro de texto del estado presente en la pantalla y luego hacer clic en "Video en vivo".

Ingrese una breve descripción del video en vivo, selecciona tu configuración de privacidad y luego haz clic en siguiente. Cuando se te solicite, debes hacer clic en "Permitir" para otorgar a Facebook los permisos necesarios para acceder a la cámara web y al micrófono. Una vez que hagas todo esto, debes hacer clic en "Ir en vivo" y se iniciará la transmisión en vivo.

Antes, Durante y Después del Facebook live

Hay un par de cosas que debes hacer antes, durante y después de una publicación de Facebook Live.

Lo primero que debes hacer es promocionarte antes de transmitir un video en vivo. Es importante comprender que un video en vivo se parece más a un evento y que a una publicación de un blog. Siempre puedes hacer seguimiento del contenido que publicas con una promoción consistente, pero, para un video en vivo, la promoción se presenta antes del evento real. En otras palabras, debes generar un zumbido lo suficiente grande para que los espectadores vean el video. Ahora bien, Facebook te permite dirigir ciertos eventos y grupos con tus promociones. Debes impulsar el próximo anuncio en tu página de Facebook con la mayor frecuencia posible. Esto significa que necesitas compartir actualizaciones diarias sobre la transmisión. Debes compartir algo de valor cada vez que le recuerdes a la audiencia el evento. Promociona sobre el evento en vivo en todas las demás redes sociales que manejas con tu empresa, para atraer a una audiencia más amplia.

Debes limitar todas las distracciones a tu alrededor cada vez que decidas utilizar Facebook Live. Sí, Facebook Live es ciertamente más relajado y ofrece una experiencia natural en comparación con otros medios publicitarios, esto no significa que no debas planearlo con anticipación. Debes recordar que representas a la marca y, cualquier cosa que hagas en una transmisión en vivo se reflejará en tu marca y negocio; por lo tanto, es importante que siempre pongas tu mejor pie adelante.

Necesitas tomar algunas decisiones de formato también. ¿Cómo quieres grabar el video y cuándo quieres transmitirlo? Por ejemplo, cuando usa la aplicación de Facebook en iOS, tiene la opción de publicar el video horizontal o verticalmente según tus necesidades, así que graba un video de prueba para ver qué función, funciona mejor para ti.

El tiempo es crucial cuando se trata de un video de Facebook Live. Envía alertas por correo electrónico, notificaciones o incluso publica regularmente sobre el próximo evento en la página. Tu objetivo es llegar a tu audiencia y atraerlos. Si programas un evento en vivo bastante tarde o temprano en la mañana, perderás muchos de tus espectadores.

Necesitas ofrecer continuamente contexto a los espectadores. Podrías pensar que es suficiente con simplemente presentarte o presentar tu marca al comienzo del video y detenerte después de eso.

No lo es, trabaja bajo la suposición de que una vez que un espectador haga clic en la transmisión del video en vivo, ellos se quedarán dando vueltas en el mismo. Además, puede haber otros espectadores que decidan unirse más adelante. Para involucrar a todos los espectadores, debes proporcionarles algo de contexto sobre el video a intervalos regulares.

Necesitas ser receptivo. Los comentarios y las reacciones en vivo hacen que la experiencia sea atractiva para el cliente. Debes hacer que el espectador se sienta como en una conversación bidireccional, por lo que, para que una conversación sea atractiva, debes interactuar con los espectadores y responder a sus comentarios o reacciones.

También puede utilizar esta oportunidad para anunciar tu opinión.

Capítulo Ocho: Facebook

Analytics

Cómo Evaluar Participación

Ahora que has trabajado bastante para desarrollar tu base de audiencia, el siguiente paso es revisar su compromiso en Facebook. De hecho, Facebook te penalizará si el compromiso del público disminuye. Esto significa que, si la audiencia no interactúa con tus publicaciones, Facebook reducirá constantemente la cantidad de veces que tus publicaciones aparecen en las noticias de la audiencia. Una mayor tasa de participación generalmente implica un crecimiento en tu base de audiencia. Si deseas revisar tu compromiso en Facebook, el primer paso es abrir la página de Perspectivas. Una vez que hagas esto, entonces necesitas seleccionar

Mensajes. Desplázate por la página y ve a la sección titulada "Sus 5 publicaciones más recientes". Haz clic en el encabezado para ver una lista de todas tus publicaciones. Ahora, usa el menú desplegable en el lado derecho y haz clic en Compromiso.

La Tasa de participación se determina de acuerdo con la cantidad de comentarios, reacciones, clics y me gustas que reciban tus publicaciones y se muestra como un porcentaje del total de personas a las que llegó una publicación. Si la tasa de participación es superior al 1%, entonces es buena. La tasa de compromiso entre 0.5% a 0.99% es promedio, y cualquier cosa por debajo de 0.5% necesita ser mejorada. Debes echar un vistazo detallado a todas tus publicaciones para comprender la forma en que tus fans interactúan con el contenido que publicas. En el lado derecho, encontrará diferentes opciones como "comentarios, compartir y" me gusta "y las seleccionará todas del menú desplegable. Un "me gusta" es bastante simple y requiere menos participación de un usuario que "compartir y comentar"; por lo tanto, las "acciones y los comentarios" se pesan más y llegaran a más usuarios. Todos estos datos te darán una idea de lo que funciona mejor para ti y tu público. Una vez que tengas estos datos en la mano, puedes realizar los cambios necesarios en tus estrategias de marketing y publicidad.

Impulsando Las Publicaciones

Facebook es una de las mejores redes sociales para dirigirte a un público objetivo. Da a las empresas acceso a una amplia base de audiencia. Facebook permite a los propietarios de negocios y comercializadores invertir en publicaciones de Facebook. Es una de las herramientas promocionales para las publicaciones que ofrece Facebook. Una publicación de Facebook es una publicación en tu página de negocios que aparecerá más arriba en las noticias de un público objetivo. Esta herramienta que ofrece Facebook tiene un costo. La tarifa a pagar depende de la cantidad de personas a las que deseas que llegue la publicación. En pocas palabras, la tarifa a pagar por una publicación de Facebook es directamente proporcional al número de impresiones que recibe tu publicación.

Una publicación aumentada no es lo mismo que una publicación patrocinada. Una publicación patrocinada es similar a los anuncios en los que puede seleccionar tu ubicación demográfica y luego invertir para crear conciencia sobre tu marca o negocio. Debes optar por una publicación de impulso de Facebook solo después de ejecutar un análisis sobre tu público objetivo en una ubicación geográfica determinada. Cuando hagas esto, tendrás la información necesaria sobre el público objetivo al que deseas llegar. Las publicaciones promocionadas nunca se perderán entre otras publicaciones, como los deseos de cumpleaños o cualquier otra publicación de felicitación. Una publicación de impulso de Facebook viene con un cierto grado de visibilidad garantizada según tus requisitos. De hecho, las publicaciones mejoradas disfrutan de un mayor grado de visibilidad entre aquellos a los que les gusta la página de tu empresa. Cada vez que alguien comenta o "le gusta" una publicación potenciada, esta se mostrará automáticamente en la fuente de noticias de sus amigos; independientemente de si están siguiendo tu página o no. De este modo, una publicación potenciada aumenta la visibilidad en línea de la marca o el negocio.

Si quieres utilizar una publicación de Facebook, lo primero que debes saber es la publicación que deseas impulsar. Puedes impulsar una nueva publicación en Facebook o algo que ya se haya publicado y que aún sea relevante para tu transformación. La única condición es que cualquiera de las publicaciones anteriores que desees impulsar debe publicarse después del 21 de julio de 2012.

Si deseas utilizar esta función, debes tener en cuenta el tipo de audiencia a la que deseas llegar. Una publicación impulsada se optimizará automáticamente en las noticias de los usuarios que les gusta tu página, junto con la de sus amigos. La publicación que desees impulsar debe dirigirse a una audiencia específica de acuerdo con su interés, edad, género y ubicación. Una vez que estés seguro de la audiencia a la que desea llegar, debe considerar el presupuesto que es necesario para impulsar esa publicación. El presupuesto dependerá de la duración por la que desees que esta publicación en particular se mantenga impulsada. El costo es directamente proporcional a la audiencia estimada a la que estará visible la publicación.

Hay dos pasos simples que debes seguir si desea impulsar una publicación. El primer paso es establecer un objetivo para la publicación de Facebook. Algunos de los objetivos claves que debes tener en cuenta cuando decides impulsar una publicación son su alcance, los seguidores, el compromiso y el tráfico. Una vez que tengas tu objetivo en mente, el siguiente paso es seleccionar la publicación que deseas impulsar.

Puede utilizar el Administrador de anuncios de Facebook para impulsar una publicación de Facebook. Para hacer esto, debes ir a la opción Administrador de anuncios de Facebook y hacer clic en la opción "+ Crear campaña". Una vez que hagas clic en él, verás un par de objetivos de campaña diferentes entre los que puede elegir.

Selecciona 'tráfico' como el objetivo para dirigir más clics al enlace que compartes. Si deseas mejorar un texto o una imagen, puede seleccionar "compromiso" o "marca" como tu objetivo. Ahora, debes seleccionar tu audiencia, tu presupuesto y los dispositivos que deseas utilizar para tu publicación de Facebook. Para las páginas de Facebook con un gran número de seguidores, debes optar por "Personas comprometidas", ya que te ayudará a llegar a la mayoría de los usuarios activos de todas esas páginas.

Si tu página no tiene muchos seguidores, debes optar por la pestaña Público. Si tiene un píxel de Facebook instalado en su sitio web y tu página tiene poco tráfico, opta por la opción Audiencia similar (presente en la sección Audiencia). Una vez que selecciones tu público objetivo, necesita crear el anuncio. Crear un nuevo anuncio es bastante similar a crear una publicación en Facebook. De lo contrario, siempre puedes mejorar una publicación existente y luego s hacer clic en Realizar pedido. Una vez que hagas esto, se colocará tu orden para impulsar la publicación. Si tu anuncio se aprueba (la aprobación demora aproximadamente 30 minutos), entonces se lanzará a la audiencia elegida.

Impulsar una publicación es más efectivo que un anuncio regular de Facebook en términos de costo y alcance. Cuando aumentas una publicación a través del Administrador de anuncios de Facebook, la publicación se mostrará orgánicamente en el suministro de noticias de los seguidores de esa página. Si deseas obtener mejores resultados, debes convertir tu publicación de Facebook en un anuncio. Impulsar una publicación un día después de publicar el enlace le dará a Facebook el tiempo suficiente para medir su efectividad.

Facebook Ads Manager, Hootsuite Ads y Facebook Exclusion Targeting son las mejores herramientas que puede utilizar para impulsar las publicaciones de Facebook. El Administrador de anuncios de Facebook está diseñado para comerciantes pequeños y medianos, permitiéndole al usuario crear una publicación mejorada desde cualquier publicación existente o desde fotos o imágenes en su dispositivo. Ayuda a los profesionales del marketing a realizar un seguimiento del rendimiento de las publicaciones potenciadas, a revisar los presupuestos publicitarios, a editar publicaciones existentes y recibir notificaciones activas. Hootsuite Ads genera automáticamente anuncios de Facebook y crea publicaciones mejoradas de acuerdo con las publicaciones orgánicas existentes en la página de Facebook. Escanea la página de Facebook de tu empresa y le permite concentrarse en las publicaciones que debes impulsar. También ayuda con un algoritmo automatizado de selección y oferta que le permite lanzar una publicación potenciada. Facebook Exclusion Targeting es una herramienta que ayuda al usuario a evitar apuntar dos veces al mismo usuario. Con la ayuda de esta herramienta, puedes excluir con éxito a cualquiera de tus clientes existentes de una publicación potenciada, ayudando a generar nuevos clientes potenciales. Esta herramienta reduce su costo por acción o costo por clic. También ayuda a tu publicación de impulso para llegar a todas aquellas personas que tienen más probabilidades de comprar o convertirse y no solo a usuarios aleatorios.

¿Puedes Usar Otros Programas?

Una parte importante de una exitosa campaña de marketing y publicidad en las redes sociales implica el monitoreo de varias métricas para analizar el desempeño de tus publicaciones. Existen varias herramientas de análisis de Facebook que puede utilizar para analizar las métricas necesarias. En esta sección, conocerás las mejores herramientas de análisis de Facebook disponibles.

Facebook Insights

El primer lugar que debes ver es el propio Facebook. La herramienta Insights está disponible para el administrador de la página de tu negocio una vez que la página tenga más de 30 seguidores. Proporciona métricas detalladas sobre la publicación y el compromiso que recibe. El análisis de la audiencia, junto con un desglose demográfico y de ubicación, lo ayudará a comprender mejor a sus seguidores. Puede ver las métricas de compromiso para cada publicación. El desglose de la página de "Me gusta" en secciones pagas y orgánicas le ayuda a analizar el valor de cualquier publicación promocional.

LikeAlyzer

Es una herramienta gratuita que es fácil de usar. Puedes ingresar a cualquier página de Facebook y luego medir o analizar su desempeño. La herramienta califica una página de 100 y luego compara la página con otras páginas similares. Esto significa que también puedes obtener una vista previa de las páginas de tu competidor. Le proporciona las métricas necesarias y también algunas sugerencias para realizar cambios. Las métricas que proporciona incluyen la tasa de participación, el tiempo y la duración de las publicaciones.

SimplyMeasured

Hay cuatro informes de Facebook diferentes que ofrece SimplyMeasured. Los cuatro informes que ofrece son: informe de perspectivas, informe de análisis competitivo, informe de página de fans y análisis de contenido. El informe de Insights que prepara reutiliza los datos que proporciona Facebook Insights en gráficos. La información en este informe incluye alcance, historias, tipo de publicación, estadísticas de seguidores, actividad, datos demográficos, gustos de la página, impresiones y participación. El análisis competitivo le ayuda a comparar 10 páginas de fans diferentes hasta 250k fans. Muestra las métricas comparativas generales en forma de gráficos. El informe de la página de fans proporciona detalles de las métricas de contenido, métricas relacionadas con la comunidad y el compromiso. Los usuarios principales se clasifican según el número de publicaciones, comentarios y participación total. El informe de análisis de contenido analiza el desglose del contenido que comparte: tipos de publicaciones, su participación y palabras clave comunes.

Sociograph.io

Una vez que recibe la autorización, puedes utilizar esta herramienta para analizar cualquier página de fans de Facebook de forma gratuita. Muestra el número total de mensajes, comentaristas, usuarios y autores. Muestra el número promedio de me gusta, acciones y comentarios que recibe cada publicación, los diferentes tipos de publicación y las publicaciones principales dentro de una línea de tiempo determinada. Puedes volver a las publicaciones desde que se creó la página. No proporciona muchos datos procesables, pero es fácil de usar.

Agropulse

Ofrece dos herramientas de Facebook gratuitas. La primera herramienta de Facebook te permite comparar su página y le ayuda a comprender si el rendimiento del contenido está por encima del promedio y las métricas en las que necesitas concentrarte. La segunda herramienta te permite organizar competiciones, pruebas y sorteos en el timeline de Facebook. También realiza un seguimiento de su tasa de respuesta y el tiempo necesario para responder. Esta herramienta incluye a los usuarios más influyentes y a los usuarios que más mencionan su marca. Los informes detallados que proporciona incluyen análisis de nivel de página y nivel de línea de tiempo. Puedes ver el desglose detallado del alcance orgánico, de pago y viral de su marca en Facebook. Le ayuda a comprender el tipo de contenido que funciona mejor para usted. También ofrece una calculadora de retorno de la inversión (ROI, por sus siglas en inglés) que puede utilizar para determinar su presupuesto de marketing y publicidad en Facebook. Tiene la opción de personalizar los informes y puede descargarlos en forma de una presentación de PowerPoint de 20 diapositivas.

Quintly

Es una herramienta realmente poderosa que puede utilizarse para obtener analíticas realmente detalladas de las redes sociales y le ayuda a mantener un registro de su negocio en plataformas de redes sociales como Facebook, Twitter, YouTube, Google+, LinkedIn e Instagram también. Quintly también le sirve para comparar las características que lo ayudan a diferenciar su desempeño con el de sus competidores en la industria, y también a los promedios de la industria. El panel de Quintly también ofrece personalización para que pueda concentrarse simplemente en las estadísticas que son más importantes para usted en comparación con el resto.

Capítulo Nueve: Las

Mejores Prácticas

Recursos de Facebook

Hay algunas dificultades que los profesionales de marketing tienden a encontrar mientras hacen marketing en Facebook. La baja familiaridad con la plataforma es un desafío bastante común. Facebook es bastante fácil de usar, y ciertamente no es necesario ser un científico espacial para resolver las cosas en esta plataforma. Hay diferentes investigaciones, así como herramientas de gestión disponibles, y las personas no las usan debido a su falta de conocimiento. Esto les impide aprovechar al máximo las funciones que esta plataforma tiene para ofrecer. El proceso de crear anuncios manualmente puede causar un pequeño inconveniente. Incluso si tiene una buena idea, desarrollar un anuncio individual en esta plataforma requiere mucho tiempo. Es una gran inversión, especialmente para las pequeñas empresas. Si no está bien familiarizado con el mundo de las redes sociales, entonces, en tal caso, el marketing de Facebook podría ser un poco difícil de aprender. Hay muchos tutoriales y artículos que ayudan con la publicidad de Facebook, pero esto puede ser difícil de dominar, sin los recursos adecuados, podría terminar perdiendo el tiempo. Finalmente, el tercer gran obstáculo que la mayoría de los novatos en el mundo del marketing de Facebook encuentran es que se dejan llevar por números superficiales como el total de "me gusta" o las opiniones que han recibido. Estas métricas no deben ser su único enfoque. Su principal preocupación debe ser el ROI (retorno de la inversión). Con el conjunto correcto de herramientas y algunos conocimientos, puede calcularse con bastante facilidad.

Bueno, estos son obstáculos menores que podrías encontrar; Sin embargo, no tienes que preocuparte por ellos. Hay desarrolladores externos que han estado trabajando para facilitarle el proceso de marketing de Facebook. Hay algunas herramientas con las que debes familiarizarte. Estas herramientas te ayudarán a superar, o evitar estos obstáculos por completo. A continuación, encontrará una lista de herramientas que le serán útiles.

Cuando se trata de publicidad y marketing en redes sociales, Facebook se encuentra entre las mejores plataformas disponibles. Si desea utilizar Facebook para anunciar su negocio o marca, debe revisar la lista de recursos de Facebook que se analizan en esta sección.

Facebook Para Empresas

El primer recurso que necesitas es Facebook para empresas. Si este es tu primer intento de usar Facebook para promocionar tu negocio, entonces la primera página que debes consultar es Facebook para empresas. En esta página, encontrarás información útil sobre las formas en que puedes usar Facebook para aumentar tus ventas, crear conciencia de marca y consultar las últimas actualizaciones y herramientas disponibles.

Soporte del Anunciante

Facebook es una plataforma increíble que lo ayuda a llegar a un público objetivo con campañas publicitarias altamente específicas. Para saber dónde comenzar, debes visitar la página de soporte para anunciantes en Facebook. Cualquier consulta que tengas sobre publicidad en Facebook será respondida en esta página.

Educación del Anunciante

Debes visitar la página de educación para anunciantes en Facebook si deseas recopilar más información sobre las formas en que Facebook puede ayudar a que tu negocio sea un éxito.

Encontrarás toda la información que necesitas sobre las páginas de Facebook, los anuncios de Facebook, las mejores prácticas y mucho más. La página de Facebook Blueprint tiene aproximadamente 34 módulos electrónicos de aprendizaje que puedes utilizar para obtener experiencia práctica y sesiones sobre las mejores prácticas y recursos de Facebook. Para acceder a esta página, todo lo que necesitas es una cuenta de Facebook. Incluso encontrarás ciertos cursos en línea que están hechos a medida para tu negocio.

Videotutoriales

Si deseas obtener más información sobre cómo funciona todo esto, debes visitar la página de tutoriales en video de Facebook. Esta página incluye varias historias de éxito y tutoriales que lograran inspirarte.

Herramientas Creativas y Tips

Facebook es bastante popular entre los vendedores y los usuarios por igual. Toda esta popularidad ha creado mucho desorden y representa un gran desafío para cualquier negocio. En otras palabras, tu anuncio debe ser creativo y atractivo si desea atraer a su público objetivo; sin embargo, si tiene un presupuesto limitado o recursos limitados, ¿cómo puede abordar este problema? La respuesta a este problema es bastante simple; Tienes que visitar la tienda creativa de Facebook. Esta es su ventanilla única para todas las diferentes herramientas que Facebook ha desarrollado que mejorarán la calidad de tus anuncios y lo ayudarán a llegar a un público más amplio dentro de un presupuesto limitado. El equipo de Facebook trabaja continuamente con las empresas para desarrollar diversas herramientas, procesos e ideas creativas que ayudarán a las empresas a crecer.

Guía Para Anunciantes

Si deseas obtener consejos de expertos sobre cómo crear anuncios brillantes en Facebook, visita la página de Guía para anunciantes en Facebook. En esta página, encontrará toda la información que necesita para desarrollar anuncios de Facebook que sean impactantes y potentes. Algunos de los temas incluidos aquí son las formas en que puedes obtener más impulso, acelerar el crecimiento de tu aplicación y mucho más.

De acuerdo con tus objetivos y los resultados que busca, los anuncios de Facebook serán diferentes. La Guía de anuncios de Facebook te ayudará a asegurarte de que los anuncios de Facebook que diseñas se vean mejor.

Políticas Publicitarias

Es importante que estés bien versado en las políticas publicitarias de Facebook. Antes de que tu anuncio esté en funcionamiento y puedas conectar con tu audiencia, el anuncio que diseñas o tu campaña publicitaria deben estar sincronizados con las políticas publicitarias de Facebook. Toda la información que necesitas sobre esto está disponible en el proceso de revisión de anuncios de Facebook. En esta página, encontrará una lista de razones que pueden descalificar tu anuncio, junto con una lista de todo el contenido restringido. Solo cuando el anuncio cumpla con todas estas pautas podrás iniciar la campaña publicitaria.

Centro de Ayuda

Si tiene alguna consulta sobre el uso de Facebook para tu empresa, puedes encontrar las respuestas a esas consultas en el Centro de ayuda. Recibirás información útil sobre temas como administrar tu contraseña, informar un problema y mucho más. Aparte de esto, si tienes alguna pregunta en particular, puedes publicar lo mismo en la página del Centro de ayuda. El equipo de ayuda de Facebook y otros usuarios de Facebook responderán tus consultas. También puedes consultar las preguntas que otros usuarios de Facebook publican. Puedes visitar la página del Centro de ayuda si encuentras algún contenido que parezca perjudicial o abusivo. Aparte de esto, si tienes alguna sugerencia o comentario que desees compartir con el equipo en Facebook, puedes publicarlo en la página del Centro de ayuda.

Herramientas Adicionales

Flow: Driftrock develops es una herramienta diseñada para dirigirse a tu audiencia. Se sincroniza con tu plataforma de comercio electrónico existente y te ayuda a recopilar datos de clientes que, a su vez, te ayudarán a dirigirte a la base de clientes existentes que tienes de una manera eficiente y precisa. Puedes concentrarte en tus clientes existentes y en la lista de correos, o tiene la opción de encontrar nuevas personas que tengan características similares, a tu base de clientes actuales, también te ayudará a descubrir nuevos prospectos de clientes potenciales.

Google Analytics: Esta herramienta se utiliza principalmente para rastrear del tráfico web. Si no estás haciendo uso de esto en relación con tu campaña de marketing en Facebook, entonces te estás perdiendo algunas cosas buenas. Esta herramienta te permite ver los enlaces que dirigen a los diferentes usuarios de Facebook hacia tu sitio y su comportamiento una vez que van allí. Es la herramienta perfecta para determinar tu ROI, así como la efectividad de tu sitio web.

Herramienta de Marketing de Facebook de Real Geeks: Se desarrolló manteniendo a los agentes de bienes raíces en perspectiva. Esta herramienta se sincroniza automáticamente con diferentes sitios web, recopila información importante con el fin de crear anuncios en Facebook sobre la marcha y le ahorrará todo el tiempo que normalmente tendría que utilizar si tuviera que crear un anuncio manualmente. Tiene funciones de análisis que los usuarios pueden usar para juzgar aquellos anuncios que son efectivos, y esto le ayudará a idear estrategias futuras que se ajusten a sus necesidades.

Agora Pulse: Esta herramienta le brinda la oportunidad de vincular sus cuentas de Facebook, Twitter, Instagram, LinkedIn y otras redes sociales en un espacio centralizado. Podrás programar y publicar tus mensajes, monitorear tu actividad en estos sitios de redes sociales, interactuar con tus clientes e incluso monitorear la competencia dentro de tu mercado.

Social Bakers: Esta es una herramienta de análisis social que puedes trabajar junto con cualquier aplicación de redes sociales que esté disponible. Esto te ayudará con la investigación competitiva, te proporcionará información sobre tu audiencia, KPI y otros datos en forma de informes personalizados que pueden ser modificados de acuerdo a tus objetivos.

DrumUp: Es una fusión del marketing de contenidos y las herramientas para redes sociales que puede ayudarte a encontrar contenido que considerará idóneo y real para tu audiencia. Ayuda en la investigación y recomendación de contenido, además de brindarte información sobre la estrategia de redes sociales por la que has optado.

ShortStack: Esta herramienta está diseñada para facilitar el proceso de creación de anuncios y concursos mientras se usa Facebook. La interfaz de usuario de esta aplicación es bastante simple y tiene diferentes herramientas que pueden ayudarlo a crear una campaña que se ajuste a tus necesidades.

Capítulo Diez: Publicando

Contenido de Calidad

Evalúa Todo

Solo hay una forma de determinar si tus esfuerzos están funcionando de manera efectiva, y es evaluando todos los datos. Algunas plataformas de medios sociales tienen herramientas integradas para ayudarte a hacer esto, hay muchas opciones de terceros para herramientas analíticas. Use esto para ver cuál obtiene mayor respuesta en términos del contenido que está compartiendo o promoviendo, lo que es más importante, porque no estás obteniendo el nivel de respuesta que necesitas. De esta manera, puedes decidir qué abandonar y qué seguir haciendo.

Asegúrate de Publicar En el Momento Adecuado

No es solo lo que estás publicando lo que tiene un efecto en el número de personas que lo ven, ni la cantidad que interactúa con él y lo comparte. Es el momento de tus publicaciones, esto es vital: la mayoría de las empresas B2B tienden a mantener la publicación durante las horas normales de trabajo, pero incluso en algunos días obtendrán una respuesta mucho mayor que otras. Haz tu tarea: aprende cuándo es probable que tu público objetivo esté en línea y programa tus publicaciones para que se publiquen cuando estén en línea.

Establece Tus Conexiones

Uno de los errores más comunes que cometen los mercados de redes sociales es hablar con su audiencia, en lugar de comunicarse con ellos. Comunícate con tus seguidores, participa con ellos e interactúa. Quieren saber que eres humano, no solo una computadora que produce respuestas automáticas. Pídeles que compartan sus opiniones y asegúrate de responder a sus comentarios a tiempo. Si te envían mensajes, comunícate con ellos de inmediato; ignorar a los clientes potenciales simplemente los alejara.

Apuesta Por lo Visual

Los grandes bloques de texto disuaden a las personas, pero se detienen y toman nota de las imágenes. Las fotos, los videos y las infografías contienen información que las personas tienden a asimilar más fácilmente. Asegúrate de que tu contenido visual sea sólido, atractivo y relevante para tu negocio.

Haz Que Cada Una De Tus Plataformas Sean Únicas

Hay muchas herramientas que te permiten compartir contenido en varias plataformas, pero, si bien esto puede funcionar para información que es muy importante, hacerlo para cada pieza simplemente hará que todas tus plataformas sean idénticas. Es probable que las personas que te siguen en una plataforma te sigan en todas, y no quieran ver contenido idéntico; eso asegurará que solo te sigan en una. Haz que cada una de sus cuentas sea única, y eso atraerá a más personas y obtendrás más seguidores y más clientes potenciales.

Haz Que Seguirte Valga La Pena Para Las Personas

Cuando alguien te sigue en una cuenta de redes sociales, quiere sentir algún tipo de aprecio por eso. Ofrece recompensas por suscribirse o seguirte, tal vez un pequeño descuento en un producto o entradas a un sorteo. La gente necesita un incentivo para unirse a ti, y los mantendrás comprometidos e interesados si obtienen algo de ello.

Sé Una Persona "Realista"

Si bien las redes sociales pueden ser una forma más relajada de promocionar tu negocio, aún necesitas mantener un aire de profesionalismo. Sí, ofreces algunos detalles personales que le den a tu negocio una cara humana, como un cumpleaños, algunas bromas aquí y allá, pero nunca comiences a compartir tus opiniones personales sobre las cosas en tu página de negocios. Si empiezas a ponerte furioso por la política o a menospreciar a la última celebridad, puedes comenzar a alejar a tus seguidores.

Planifica Anuncios Por Secuencia

Antes de lanzar un anuncio de carrusel de Facebook, necesitas un plan y una estrategia para tu campaña publicitaria. Una vez que decidas el mensaje, la imagen y la estrategia que deseas utilizar, crear el anuncio es bastante fácil. Debes pensar en tu público objetivo, la acción que deseas que realicen y el contenido que persuadirá a tu público objetivo de realizarla. Debes hacer una lista de tus clientes y sus intereses, incluir enlaces rastreables a tu sitio web e incluir videos o imágenes de alta calidad que sean coherentes con tu mensaje.

Antes de comenzar, debes verificar el tamaño recomendado de las imágenes y otra información proporcionada en la página Guía de anuncios de Facebook. Puedes mirar diferentes formatos de anuncios de carrusel para inspirarte. A continuación, puedes crear una maqueta de la misma en el Creative Hub.

Para crear un anuncio de carrusel para su página, siga los siguientes pasos.

Haga clic en el botón Promocionar en la página □ Obtenga más visitantes en su sitio web.

En la sección Creatividad publicitaria presente en la parte superior derecha de la página, haga clic en Editar.

Ingrese la URL deseada a la que quiere que se dirija las personas cuando hagan clic en el anuncio.

Si desea que cada tarjeta de carrusel envíe al visitante a una URL diferente, puede editar el anuncio en el Administrador de anuncios.

Una vez que haga esto, agregue el texto para su anuncio.

Haga clic en el signo +, en la sección Imágenes para agregar tarjetas de carrusel.

Haga clic en el número de la tarjeta a la que desea agregar una imagen en particular.

Luego haga clic en Cargar imagen: para agregar una imagen de su computadora o puede hacer clic en Seleccionar imagen para cargar una imagen de la biblioteca que usó anteriormente.

Haga clic en Reposicionar imagen, si desea recortar la imagen.

Es necesario agregar un título para cada tarjeta en el carrusel.

Haga clic en la sección Publicidad creativa y haga clic en Guardar cuando desee guardar los cambios en el carrusel.

Luego, debe completar la información necesaria sobre la audiencia, el presupuesto y la duración en la sección de pago para completar su anuncio. Luego haga clic en Promocionar.

Usa Power Editor Para Crear Anuncios Por Secuencia

Una de las ventajas más importantes de usar Power Editor para crear un anuncio de carrusel es que puedes agregar más texto en los anuncios. En el Administrador de anuncios, puedes usar 25 caracteres para los titulares y aproximadamente 90 caracteres para cualquier texto. Si usas Power Editor, puede agregar mucho más.

Una vez que inicies tu campaña y nombres los anuncios publicitarios, puedes configurar el anuncio en Power Editor. Notarás que no hay limitaciones sobre el texto.

Puedes contarle a la audiencia la historia completa sobre el tema con Power Editor.

También puedes personalizar el área de visualización del URL. Puedes usar este espacio adicional para agregar texto adicional sobre el producto o proporcionarles información sobre las ofertas. Esta característica es útil cuando la URL es larga y voluminosa. Por ejemplo, puedes usar el seguimiento adicional en la URL del sitio web y para asegurarte de que la gente sepa a dónde se dirige, agrega la dirección real del sitio web en el cuadro Mostrar URL.

Si deseas reforzar tu llamada de atención, puedes usar el área Mostrar URL para resaltar la opción del registro.

En Power Editor, tienes la opción de etiquetar otras páginas en el texto del anuncio. Ayuda a que el anuncio se vea como una publicación regular y también aumenta su visibilidad. Siempre que etiquetes otras páginas, asegúrate de que las etiquetas sean relevantes. Para etiquetar otra página u otras personas en el anuncio, debe escribir @ seguido del nombre de la página o de la persona en el cuadro de Texto y seleccionar el nombre relevante del menú desplegable. Si estás utilizando contenido orgánico para el anuncio, el etiquetado aumenta la visibilidad.

Hay dos tipos de anuncios disponibles en Power Editor y son anuncios de productos y anuncios de carrusel.

Los anuncios de carrusel configurados en Power Editor pueden mostrar hasta cinco productos. No solo debes seleccionar las imágenes que se mostrarán en el anuncio, sino que también puedes agregar el enlace a un sitio web único para cada uno de los productos. Además, cada anuncio en el carrusel tiene una descripción y un título propio.

Para un anuncio de carrusel, el tamaño de la imagen debe ser de 600x600 píxeles. Una vez que realices todos los cambios necesarios en el anuncio, tu anuncio estará listo para ser mostrado.

Ten un Manager de Redes Sociales

Puede verse como un trabajo que no es trabajo, pero es sorprendente los resultados que puede obtener un administrador de redes sociales adecuado. No todos son expertos en las redes sociales y, si no lo eres, es mejor tener a alguien al mando que pueda conversar con otros, participar perfectamente, publicar y compartir contenido fácilmente. De esa manera, puedes continuar con tu negocio y obtener los beneficios de una campaña de marketing exitosa.

Si No Funciona, Deshazte De Él

No todo va a funcionar; No importa la cantidad de análisis que hagas, la cantidad de nuevos miembros del equipo que reclutes, habrá una plataforma que simplemente no es la adecuada para tu negocio. Si nada funciona, y no estás obteniendo ningún resultado de ello, abandónalo. Hay mejores cosas en las que puede ser utilizado tu tiempo y energía.

Establece Relaciones Con Empresas

Si hay empresas que están en el mismo tipo de sector que tú, o en la misma industria, entable amistades y sígalos, pero solo si no son competencia directa. Es posible que puedan recomendarse clientes entre sí, compartir seguidores y buscar consejos. Puede que te sorprenda lo bien que puede salir eso, así que pruébalo, pero no seas amigo o sigas a todos indiscriminadamente, elige.

Enfrenta a los Trolls

Cuanto más éxito tenga, más atención atraerán a tus redes sociales, y eso significa el inevitable abuso de algunas personas. Si descubres que tiene enemigos en tus páginas, se profesional en tus tratos con ellos. Elige cuidadosamente cómo responder: a veces debe ser una respuesta cortés, otras veces, es mejor ignorarlos y, en algunos casos, tendrás que bloquearlos. No bloquee a alguien solo porque no les gusta tu compañía; ese no es un buen sentido comercial, y no envía un buen mensaje.

No Lo Uses Para Presionar Demasiado

Facebook se percibe como un dominio donde las personas pueden participar en alguna actividad social, chatear con sus amigos, ver fotos y videos publicados por otros y simplemente relajarse. Tendrás que participar en una conversación y formar parte de una comunidad, en lugar de ser el "forastero" que intenta vender de forma bastante agresiva. Hay ciertas tácticas de marketing forzado que debes evitar. Estos incluyen el uso de eslóganes publicitarios, publicar una y otra vez sobre un producto o servicio en particular, o proporcionar información adicional sobre un producto o servicio que no estén relacionados con ninguna conversación. Tus seguidores podrían dejar de seguirte. ¿Qué es peor? Incluso puedes atraer muchos comentarios negativos sobre tu negocio.

Siempre Ten Un Objetivo Claro

Es muy importante tener un objetivo claro en tu mente mientras usas Facebook y una estrategia bien definida para lograr ese objetivo. Por ejemplo, una cafetería podría simplemente decidir que su objetivo es aumentar las ventas que se generaron a través de Facebook en un 10% durante un período de seis meses, y luego su estrategia puede incluir lo siguiente:

- Pueden crear una publicación diaria que presentará un "especial" particular del día haciendo uso de un código de cupón para que la venta particular pueda ser rastreada en Facebook.

- Pueden publicar una foto que muestre a un cliente con una taza de café de su cafetería.

- También pueden animar a los usuarios a comenzar a publicar sus propias fotos (quizás mientras están sentados en la cafetería en cuestión o con un poco de café) para lograr una mayor participación.

- Establecer un objetivo, así como una estrategia, lo ayudará a brindarle orientación y alcanzar el éxito que deseaba.

Creando Un Lado Humano

En general, un usuario en Facebook querrá comunicarse con otras personas y no participar en una conversación con un negocio impersonal. Quien sea responsable de administrar la página de Facebook para tu negocio o una marca debe ser capaz de escribir y desarrollar contenido que le dé un "sentimiento" humano a la página, y que sea más agradable y acogedor. No hagas que las cosas suenen demasiado formales o rígidas.

Publicar Regularmente

A diferencia de otras formas de medios como la televisión, las revistas, los periódicos, etc., las redes sociales le ofrecen la opción de incluir actualizaciones periódicas. La mayoría de los usuarios de Facebook tienden a revisar sus páginas al menos una vez al día, y necesitarán ver que tu empresa está publicando contenido nuevo. Dependiendo de la manera en que tu audiencia esté recibiendo la información que estás publicando, puedes decidir cuándo y cuánto publicar.

Incentivando los Comentarios

Debes alentar a los usuarios de Facebook a responder a tus publicaciones y a comentarlas sobre tu negocio o un tema que les interese. Cuando un usuario publica algo, asegúrate de que su mensaje sea respondido dentro de las próximas 24 horas. La falta de respuesta puede percibirse como una falta de interés de tu parte, y si no respondes, los usuarios podrían dejar de seguirte.

Usa Imágenes y Videos

Uno de los elementos más atractivos de Facebook es el hecho de que permite a los usuarios publicar fotos y videos. Esto ayuda a mantener a tu audiencia involucrada y entretenida. Por ejemplo, una cadena de ropa puede publicar imágenes del nuevo stock tan pronto como llegue, o un entrenador personal puede publicar un video instructivo que ofrezca instrucciones sobre cómo se debe y no se debe hacer un ejercicio en particular, y así sucesivamente. Trate de ser lo más interactivo posible, e involucra a tu audiencia organizando diferentes concursos, realizando encuestas, creando ofertas, etc. Se supone que Facebook es divertido, así que no olvides incluir el elemento "diversión" en tus estrategias de marketing. Dos de las razones más populares por las que un usuario sigue una página de negocios en Facebook son descuentos y obsequios. Se pueden utilizar los concursos y los juegos para hacer que tu página sea emocionante. Facebook puede ser utilizado para realizar encuestas de clientes. Si deseas realizar una encuesta, mantenga preguntas simples y cortas.

Alimentando la Relación

Lleva un tiempo establecer una buena relación con otros usuarios de Facebook, por lo que tendrás que ser paciente. Debes participar en conversaciones, proporcionar contenido significativo y desarrollar recompensas para retener a tus seguidores existentes y atraer nuevos clientes.

No Olvides Usar Facebook Insights

Facebook Insights puede ayudarte a comprender mejor a todos lo que les gusta de tu página y elegir seguirla. Una vez que estés al tanto de las características de quienes te siguen, puedes adaptar tus publicaciones para satisfacer sus necesidades y mantenerlos interesadas. Por ejemplo, si una librería atiende a clientes de todas las edades, pero la mayoría de los seguidores tienen entre 18 y 25 años, en ese caso, las ofertas que ofrecen en Facebook deben diseñarse de acuerdo al tipo de audiencia que tienen, mientras que las ofertas que ofrecen en la tienda deben ser más diversas.

El Patrón de Participación De Tus Seguidores

Asegúrate de estar publicando activamente en Facebook de acuerdo con el patrón de compromiso de tus seguidores. Cuando parece que es más probable que participen, es cuando necesitas publicar. Esto tomará un tiempo para que puedas hacerlo bien, usa tu tiempo para resolverlo. Puede que no suene importante, pero ciertamente lo es. Comprenderás esto cuando tus seguidores crezcan y aumenten los "me gusta" en tus publicaciones.

Los Tags son Importantes

Las etiquetas son muy importantes. Sí, hay ciertas personas que claramente se han excedido con el etiquetado; Sin embargo, las etiquetas ayudan a los usuarios a descubrir tu contenido. Sea juicioso en el uso de etiquetas.

No te Olvides de Las Personas Que Comentan

Siempre recuerda responder a cualquier comentario directo, opiniones y preguntas. Hazles saber a tus seguidores que sus opiniones son importantes y que alguien les está prestando atención. Esto ayuda a dar un toque humano a tu página de Facebook.

Asegúrate De Que El Perfil De Tu Empresa Está Completo

En tu perfil, tienes suficiente espacio para dar a tus seguidores información sobre ti. Dejar partes en blanco no hará que tus seguidores quieran seguirte; quieren saber todo sobre ti, quieren saber qué hace que valga la pena seguirte y apoyarte. Los espacios en blanco dicen que no eres interesante, y nadie se tomará el tiempo de seguir a alguien que ni siquiera puede completar su perfil.

Haz Que Tus Seguidores Quieran Ver Tus Actualizaciones

El objetivo final de cualquier plan de marketing es hacer que las personas quieran leer tu contenido. Quieres que estas personas se aferren a cada palabra que escribas y que estén ansiosas por ver la próxima entrega. Deseas que estén revisando constantemente para ver si has publicado algo, y la única forma de hacerlo es con contenido relevante, valioso y de alta calidad.

Si Compartes Algo, Coméntalo

No solo haga clic en el botón que te permite compartir algo o retuitearlo; agrega un comentario para decirle a la gente por qué crees que vale la pena compartir el contenido. Esto les ayuda a desarrollar su propia experiencia y a tu reputación de ser ese experto; eso, en sí mismo, agrega mucho valor a lo que estás compartiendo.

Revisa tu Gramática y Ortografía

Esto es importante. Eres un empresario profesional y lo peor que puedes hacer es publicar contenido mal escrito y lleno de errores ortográficos. Revisa tu trabajo, verifícalo dos veces y luego revísalo nuevamente para asegurarte de que esté escrito profesionalmente antes de publicar.

Nunca Publiques En La Hora Exacta

La mayoría de las reuniones y tareas están programadas para comenzar a primera hora, por lo que, cuando el reloj marca la hora, las personas pasan al siguiente elemento de su lista, sin mirar sus cuentas de redes sociales. Si una tarea o reunión finaliza temprano o se sobrepasa un poco, se abre una pequeña ventana para revisar esas cuentas; por lo tanto, tiene sentido publicar tu contenido justo antes o después de la hora, no a la hora puntual. De esta manera, más personas verán lo que estás publicando.

Conoce las Directrices De La Plataforma

Familiarícese con las pautas que tiene cada plataforma y asegúrese de saber qué es y qué no es aceptable en términos de comportamiento y contenido. El sentido común debe dictar los tipos de contenido; debes verificar los términos y condiciones de las plataformas antes de publicar. Algunas, en particular, como Facebook, cambian constantemente sus directrices sobre cosas como la realización de competiciones, y su incumplimiento puede resultar en una penalización, suspensión o expulsión completa de una plataforma y eso no es lo que se desea para tu negocio.

Asegúrate De Que Tu Perfil Incluye Tu Ubicación

Las personas necesitan saber en qué se basa su empresa, incluso si su servicio o producto está basado en Internet. Si saben dónde se encuentra, pueden encontrarlo y registrarse, especialmente en Facebook. Esto es más importante si tienes una tienda física que la gente pueda visitar, no agregar tu ubicación puede hacerte perder muchos clientes potenciales.

Capítulo Once: Principios

De Las Redes Sociales

No Es Sólo Un Poco De Marketing

Todos los expertos en marketing bien intencionados pueden hacerte creer que las plataformas de redes sociales no son más que una plataforma adicional para distribuir tu mensaje a las masas. Bueno, no es verdad, y si eso es lo que piensas, entonces terminarás en una matanza dentro de las redes sociales. La idea de las redes sociales es familiarizar a la audiencia con tu marca y aumentar tu alcance. Si todo lo que haces en Instagram es hablar de ti mismo y usarlo como un lugar para hacer tus lanzamientos de ventas, te hará más daño que bien.

Supuestos Expertos en Redes Sociales

En estos días, todos y cada uno dicen ser expertos en redes sociales. Estos supuestos expertos están brotando de la nada. Ciertamente pueden hablar, pero no pueden caminar. Alguien puede afirmar que es una autoridad solo cuando dicha persona tiene años de productividad, buena reputación y puede producir resultados cuantificables. Por lo tanto, no es necesario contratar a un experto en redes sociales. Eso es solo una trampa de la que deberías tener cuidado.

Algunas Cosas Nunca Cambian

En los últimos tiempos, el mundo del marketing ha experimentado un cambio tremendo, pero las buenas reglas antiguas sobre comunicación, relaciones públicas y marketing siguen siendo válidas. Esta ética básica nunca pasará de moda. Es importante conocer a tu público objetivo, el valor que puedes agregar a sus vidas y el propósito al que sirves. Debe considerar todo esto si deseas desarrollar una buena estrategia de marketing. Además, te hará bien entender que las redes sociales son solo una pequeña parte de la estrategia de marketing y no tu estrategia completa. Por lo tanto, no te desvíes de estos valores cuando consideres la opción del marketing en redes sociales. Si deseas que tu campaña de mercadeo en las redes sociales sea exitosa, entonces hay varios elementos que deben unirse. Todos los elementos de tu campaña deben estar en completa armonía entre sí. Los medios sociales son solo un elemento de tu campaña y necesitas hacer que todos los demás elementos trabajen juntos. Debes utilizar los métodos tradicionales de marketing e integrarlos con tu campaña en redes sociales.

Las Redes Sociales No Solo Están Restringidas a Facebook o Instagram

Facebook, Instagram, Twitter y LinkedIn se encuentran entre los sitios de redes sociales más populares, pero representan solo una parte del ecosistema de las redes sociales. Los foros web, las listas de correo electrónico, los grupos de usuarios, los diversos servicios para compartir fotos y videos, los podcasts, los sitios de marcadores sociales y las comunidades en línea especializadas forman parte de los medios sociales. Debes tener en cuenta que tendrás que intentar comprender el territorio que tus clientes utilizan para socializar, y también debes involucrarte en esas plataformas.

La mayoría de las marcas tienden a distanciarse gradualmente de los sitios web de destino y, en cambio, se centran en estrategias y planes de construcción comunitaria. Para construir tu marca, necesitas concentrarte en otras cosas también. Es un buen paso haber establecido tu marca en varios puestos de redes sociales como LinkedIn, Facebook e incluso Twitter, pero debes recordar que tus clientes actuales y potenciales podrían estar activos en otras plataformas de redes sociales y grupos de afinidad aparte de los mencionados anteriormente

Crea y Mantén Relaciones

El marketing tiene que ver con construir y luego mantener relaciones. Los medios sociales te proporcionan las herramientas y la plataforma que necesitas para cumplir con este propósito. Sin embargo, esto no significa que debas ignorar completamente la forma básica y personal de comunicación que es importante para tener éxito. Debes comprender que la tecnología es tan importante como una conexión personal cuando se trata de marketing en redes sociales.

No Te Dejes Llevar Por Las Redes Sociales

Debes comprender que los medios sociales pueden ayudarte a hacer muchas cosas, pero no todo. Debes dedicar mucho tiempo y esfuerzo si deseas poder hacer que tu estrategia de marketing funcione. Si lo haces mientras usas las diversas plataformas de las redes sociales, podrás alcanzar tus objetivos.

No Todo Se Trata Sobre El Retorno en La Relación

Debes poder medir tu éxito haciendo uso de métricas tanto cualitativas como cuantitativas. Es importante concentrarse en el reconocimiento de la marca, la reputación en el mercado y el conocimiento, pero las métricas como el dinero recaudado, el aumento en el número de asistentes, suscriptores e incluso los widgets vendidos son importantes. Le darás una idea de lo bien que estás haciendo tu negocio. Debes poder realizar un seguimiento de los cambios en los resultados que se han generado con la ayuda del marketing en redes sociales. Solo cuando puedas hacer esto podrá realizar los cambios necesarios en tu campaña. Necesitas poder cuantificar los resultados que se han generado.

Se Trata De Ser Sociable

Al final del día, hay una cosa que debes entender. Necesitas ser sociable. ¡Las redes sociales tienen que ver con ser sociables! Nadie quiere asociarse con alguien que no sea sociable y que simplemente siga difundiendo información. Necesitas encontrar una forma en que tu marca parezca más atractiva socialmente para los demás.

Capítulo Doce: Mitos de Las Redes Sociales

Las Redes Sociales Es Una Herramienta de Ventas

Si eres demasiado promocional en una plataforma de redes sociales, entonces serás un apagón para la audiencia. Es un error general que las redes sociales sean una gigantesca caja de resonancia para que las marcas presenten sus productos y servicios. Bueno, tómate un momento y piensa en tu uso personal de las redes sociales. ¿Abres tu perfil de Facebook o página de Instagram para ver los anuncios? Todos usan las redes sociales para socializar y encontrar contenido que sea interesante. Por lo tanto, no es una buena idea promocionarte demasiado en las redes sociales. Después de todo, la idea es atraer clientes y no rechazarlos. Hay una solución simple

184

para este problema. Debes asegurarte de que el contenido que publicas sea una combinación de contenido promocional y no promocional. La proporción ideal de contenido no promocional en publicaciones con llamada a la acción es 80:20.

Necesito Usar Facebook, Porque Todos Lo Hacen

Si intentas usar las redes sociales sin una buena estrategia de marketing, entonces todo lo que haces es generar ruido. Entonces, ¿por qué quieres usar una plataforma de redes sociales en particular? Tu respuesta no debe ser: "Tengo que usarla, porque todos parecen estar usándola". Si esta es tu respuesta, entonces se encontrará en un montón de problemas. No puedes configurar una cuenta de redes sociales y luego no tener una idea sobre lo que deseas publicar. No uses las redes sociales porque tus amigos, competidores u otra persona dicen que es una buena táctica. Debes echar un vistazo a tus objetivos comerciales y lo que planeas lograr con la ayuda de las redes

185

sociales. Haz una lista de tus objetivos y luego ve si las redes sociales se adaptan a ellos.

La Audiencia Será Atraída Automáticamente

Debes comprender que tu audiencia no acudirá de inmediato a ti por estar en las redes sociales. Crear una cuenta de redes sociales o escribir un blog no es suficiente para atraer a las personas a seguirte o que lean el contenido que públicas. Necesitas trabajar duro si quieres ganar y retener a tus seguidores. Si deseas ver resultados y ganar credibilidad, debes dedicar tiempo y esfuerzos necesarios para no solo crear contenido, sino también promoverlo. Antes de crear cualquier contenido, tómate un momento para preguntarte: "¿Será útil este contenido? y, en caso afirmativo, ¿quién lo desarrollará?" Si no tienes una respuesta a esta pregunta o si no tienes una lista de personas para este contenido, entonces no crees tal contenido.

Publica el Mismo Contenido En Múltiples Plataformas

En un intento por ahorrar tiempo, muchos usuarios de redes sociales tienden a crear publicaciones que utilizan para varias plataformas de redes sociales. Debes comprender que no hay dos plataformas de redes sociales iguales, y no puedes publicar el mismo contenido en todas partes. Cada plataforma requiere que te concentres en cosas diferentes. Puedes crear contenido similar, pero es una buena idea evitar el uso del mismo contenido. Podría ser todo un reto crear publicaciones únicas para diferentes canales de redes sociales, especialmente con una restricción de tiempo y recursos, pero valdrá la pena. Además, debes comprender que la audiencia que tienes en una plataforma también puede seguirte en otras plataformas. Imagínate que abres Facebook, Instagram, Snapchat y Twitter, para encontrar el mismo contenido en todas partes. Es posible que tu reacción no sea agradable y que decidas dejar de seguir esa cuenta en al menos una de las plataformas. Bueno, recuerda que tu audiencia sentirá lo mismo. Puedes usar contenido similar, pero debes modificarlo de acuerdo con la plataforma que planeas usar. Por ejemplo, ¿puede reutilizar una publicación de tu blog para un video en YouTube o un video de Instagram? O tal vez puedes convertir los datos que has twitteado en una infografía que puedas publicar en Facebook.

Publica a Cualquier Hora Del Día

Es un mito común que puedes publicar en cualquier momento del día en las redes sociales. Si eso es lo que piensas, necesitas pensar de nuevo. Cierto los tiempos son óptimos en comparación con el resto. Existen diferentes prácticas que se consideran óptimas para varios sitios de redes sociales. Pero debes publicar en ciertos momentos para asegurarte de recibir más tráfico, participación y seguidores. Por ejemplo, para aumentar el compromiso en Instagram, los días ideales para publicar son los jueves y viernes.

Publica Todas Las Veces Quieras En Las Redes Sociales

El número de veces que puede publicar en las redes sociales depende de las plataformas que utilices. Debes publicar en ciertos momentos para aumentar tu visibilidad y compromiso, y una regla similar se aplica a la cantidad de veces en las que puedes publicar. No debes enviar correos no deseados a tus seguidores con numerosas publicaciones en un día. Para aumentar su compromiso, necesitas publicar una vez al día o tal vez dos veces como máximo. Si publica con frecuencia en un día determinado, tus tasas de participación se reducirán. De hecho, es un mito popular que, si programas tus publicaciones en las redes sociales, tendrás un alcance menor. Por el contrario, es importante que programes tus actualizaciones para que puedas llegar a más personas. Internet es una comunidad global y, si deseas difundir tu contenido y aumentar el alcance, debes poder llegar a múltiples zonas horarias con tu publicación. El objetivo principal de cualquier publicación es aumentar tu alcance. Existen diferentes herramientas de medios sociales que puedes usar para programar una publicación como Buffer o Hootsuite. Sin embargo, no significa que debas usar esto como un sustituto para iniciar sesión y publicar en tiempo real. Recuerda que son redes sociales y se llaman así por una razón. Necesitas comprometer a tus seguidores y el compromiso es una conversación de dos vías. Si quiere tener éxito, entonces necesita aumentar tu tasa de participación.

Comparte Fotos Que Encuentres En Línea

El simple hecho de que encuentres algo en Internet no significa que dicho contenido sea de dominio público. Debes comprender que, incluso cuando encuentras algo en línea, los derechos de dicho contenido o imagen recaen en su creador. El creador posee los derechos de autor. Tenga en cuenta una regla simple cada vez que decidas compartir alguna foto que encuentres en línea; está protegida por derechos de autor. Si deseas usar algo, asegúrate de encontrar la fuente y determinar si puede usarla o no. Debe ponerse en contacto con el creador y confirmar si tienes permiso para usar dicha imagen o no. Si no lo haces, entonces es muy probable que puedas tener problemas legales relacionados con la infracción de los derechos de autor.

Usa Una Voz Corporativa Si Publicas Como Una Marca

Es importante mantener algunos límites profesionales, pero eso no significa que no muestres el lado humano de la marca. Son las redes sociales e incluso si públicas como marca, no debes olvidar resaltar la personalidad de la marca. Si no lo hace, se reducirá tu tasa de compromiso. Debes pensar en formas en las que puedas conectar con la audiencia. Una marca con un lado humano atraerá a una audiencia más que una voz corporativa. Tu audiencia necesita saber que están interactuando con un humano y no solo con un humanoide en Internet.

El Éxito Depende Únicamente Del Número de Seguidores

Uno de los parámetros que puedes usar para medir tu éxito es la cantidad de seguidores que tienes. Sin embargo, no es el único parámetro que mide tu éxito. De hecho, la calidad del compromiso que tienen importa más que el número de seguidores. Las personas tienden a juzgar precipitadamente su presencia en las redes sociales basándose únicamente en el número de seguidores que tienen. El compromiso que tienes con tus seguidores es más importante. Si deseas aumentar tu presencia en las redes sociales, hay ciertas cosas que debe tener en cuenta. Por ejemplo, ¿qué tan bien conoces a tu audiencia? ¿Cuáles son los temas que atraerán a tu audiencia? ¿Cómo puedes convertirte en el recurso de referencia en tu campo? Cuando crees contenido, asegúrate de que la audiencia lo encuentre relevante y útil. La calidad del contenido te ayudará a atraer más seguidores.

Puedes Usar Las Redes Sociales Para Reemplazar Tu Sitio Web

Puedes usar las redes sociales para aumentar tu tráfico y generar mejores ventajas, pero no es la única herramienta que puedes usar. No debes ignorar las redes sociales, pero no las conviertas en tu única estrategia para generar tráfico y clientes potenciales. Tu objetivo final debe ser construir tu negocio en una plataforma determinada. No necesita un sitio web elegante, pero necesitas un sitio web. Duración. Puedes tener un sitio web o blog simple y fácil de usar que puede actuar como una página de destino. Debes alentar a tus visitantes o seguidores y dirigirlos a tu sitio web o blog.

Las redes sociales no son una herramienta independiente y no se debe usar como una. Los medios sociales funcionan bien cuando los usas junto con otras estrategias de marketing como marketing de contenido, SEO y demás. Necesitas crear una estrategia integrada que use diferentes activos, lo que aumentará tu presencia en línea.

Mucha gente cree que no puede medir su ROI en las redes sociales. Existen diferentes herramientas, como Google Analytics, que te ayudan a identificar tu tasa de conversión y el tráfico de búsqueda orgánico que tiene. Puedes usar estas métricas no solo para calcular tu ROI, sino también para medir la efectividad de tu estrategia de marketing.

Capítulo Extra: "Marketing de Instagram"

Cómo Crear Imágenes y Contenido Atractivos de Excelente Calidad

La clave para lograr el seguimiento deseado en Instagram es crear imágenes y contenido pegadizo y atractivo. Sin embargo, el problema sigue siendo cómo se pueden crear imágenes y contenido de excelente calidad. El proceso puede tomar tiempo, necesitas persistencia y compromiso. A continuación, encontrarás consejos para ayudarte a crear imágenes y contenido brillante.

Investiga y Entiende a Tu Audiencia

Una vez que tenga una estrategia de creación de contenido, debes tener en cuenta a la audiencia que verá, escuchará y leerá el contenido. Nunca olvides que un contenido efectivo no se trata de temas sobre los que deseas hablar personalmente. En realidad, tu contenido debe crearse abiertamente a través de la participación, los comentarios y la dirección de tu audiencia.

Se debe diseñar una tremenda estrategia de marketing de contenido para responder a los problemas más apremiantes que emanan de la audiencia. Apunta a educar y transformar a tu audiencia. La única forma en que el contenido se conectará con la audiencia es hacerlo de una manera que les puedas hablar directamente. Debes tener empatía y comprensión de lo que están pasando actualmente. Para saber más sobre tu audiencia, compromételos más, observa sus preferencias e implementa tu estrategia de contenido basada en ello.

Diversifica tu contenido

La forma más fácil de crear contenido atractivo es evitar apegarse a un tipo específico de medio para comunicarte con tus seguidores. Cambiar el contenido por publicación es una forma de diversificar. Esto implica que, si estás acostumbrado a escribir blogs basados en texto, es hora de comenzar a variarlo con cosas como gráficos, imágenes, citas, videos y más. Piensa en hacer tu contenido con diferentes estilos incluyendo humor. Es saludable agregar algunas "especias" a tu contenido de vez en cuando.

Usar Mejores Fotos

La idea principal detrás de la incorporación de imágenes en tu perfil es generar confianza y legitimidad sobre tu producto. Evidentemente, esto no se puede hacer cuando se usan imágenes irrelevantes. Si deseas utilizar imágenes de una cámara, a diferencia de las descargadas, es muy recomendable tener una cámara de alta calidad.

Por otro lado, puedes usar tu Smartphone para tomar buenas fotos. Aunque la mayoría de las personas piensan que comparten imágenes cautivadoras en Instagram, se pierde un principio muy importante. No solo necesitas compartir imágenes de buena calidad. Deben coincidir con tu marca.

Editar las imágenes

Una vez que haya elegido la foto más destacada, edítala para un mejor efecto. Incluso sin un editor de fotos por computadora, puedes usar cualquiera de las aplicaciones móviles gratuitas disponibles para mejorar la calidad de la foto. Mientras que, en una computadora, el software obviamente es Photoshop. Sin embargo, el software no es intuitivo y requiere algo de aprendizaje y práctica antes de saber cómo usarlo de manera efectiva. Con el software de edición de fotos, cualquier toma puede transformarse en una infografía bien definida. Cabe destacar que las infografías son las tendencias y el método por excelencia para las imágenes en tu contenido de redes sociales.

Centrarse en El Contraste y Equilibrio

Una imagen debe tener el contraste correcto para sobresalir en una introducción de Instagram. El contraste puede incluir colores, formas, fuentes, luz, exposición, escala y espacios. Debes encontrar la escala correcta que hace que la imagen se destaque. Es un paso crucial para que tus seguidores se involucren con el contenido que publicas.

Inserta Citas en Las Fotos

En la actualidad, las fotos con citas incorporadas están en aumento y son muy populares en términos de compromiso y generación de respuesta. Puedes copiar y pegar una cita famosa e inspiradora y colocarla en la imagen correspondiente. Las buenas citas están disponibles y se pueden encontrar en línea. Es fácil entender por qué las imágenes que contienen citas son efectivas. Son inspiradores y su lectura puede hacer que tu audiencia se sienta bien.

Deja Espacios en Blanco y Bordes en Las Imágenes

Dejar bordes blancos alrededor de las imágenes de Instagram puede crear un efecto extraordinario que atrae al ojo más que una imagen sin bordes. Esto es especialmente cierto si la imagen es del tamaño correcto y tiene una claridad excelente. Los bordes ayudan a garantizar que los elementos de su diseño tengan espacio para ser visibles. Este es un aspecto importante a considerar si quieres evitar una publicación demasiado cargada.

La Importancia de Ser Transparente en Las Redes Sociales

La transparencia equivale a generar confianza y es un componente extremadamente importante para mantener cualquier relación. Además, la confianza se construye a través de la honestidad y el cumplimiento de las promesas. Es imperativo tener en cuenta que tu valoras la transparencia incluso cuando tratas con una audiencia de redes sociales, sin la cual no tendrías a nadie a quien dirigirte en tu página. Cabe destacar que ser transparente al tratar con tu audiencia de Instagram se da por sentado, sin tener en cuenta el impacto que pueda tener en la efectividad general de cualquier campaña de marketing. La transparencia es una forma segura de construir una gran cantidad de seguidores en Instagram, aumentando tu estrategia de marketing y la rentabilidad de la empresa.

Aumenta la Lealtad del cliente

La mayoría de tus seguidores pueden ser clientes que requieren la mejor atención. En las relaciones con los clientes, la transparencia contribuye en gran medida a fomentar la confianza y la lealtad del cliente. Esto puede llevar tiempo, pero con la coherencia y los esfuerzos diligentes, eventualmente ganarás el corazón de los clientes existentes y potenciales con transparencia. No cuesta nada ser transparente. Todo lo que debes hacer es ser honesto en tu comunicación y en abordar los problemas de los clientes. En resumen, haga publicaciones en Instagram con honestidad y buena voluntad.

Impulsa tu Reputación Empresarial.

La marca y la reputación de la empresa aumentan con una mayor transparencia. Los clientes satisfechos sin duda harán que otros sepan sobre las excelentes experiencias que tienen al tratar con tu empresa. De esta manera, los clientes satisfechos harán recomendaciones sobre tu negocio incluso sin tu conocimiento. Cuando dichos comentarios y discusiones se vuelven comunes, especialmente en Instagram y otras plataformas de redes sociales, tu empresa obtiene una excelente reputación. Más temprano que tarde, tu negocio será conocido por su transparencia y buenas prácticas.

Solicita Comentarios De Tu Audiencia

Con transparencia, la relación entre tu negocio y tus seguidores llevará a una comunicación abierta. Los clientes estarán más dispuestos a ofrecer sus sugerencias y comentarios, para ayudar a tu empresa a realizar mejoras en áreas de debilidad. Además, obtendrán una visión honesta de tus productos o servicios, incluso si los comentarios se basan en críticas. Ciertamente, puedes obtener nuevas ideas de los comentarios proporcionados por tus seguidores de Instagram. Esto hará que la innovación y la creatividad sean más fáciles para tu empresa. Tener en cuenta y hacer productos que se ajusten a las expectativas y preferencias de los clientes mejorará aún más la reputación de dichas empresas.

Mejorar el Servicio al Cliente

La transparencia es esencial en la buena práctica de relaciones con el cliente. Tener en cuenta los comentarios proporcionados por los seguidores de las redes sociales y abordarlos con prontitud puede resultar útil para mejorar el servicio al cliente. Les hace sentir que están siendo escuchados y valorados. Por lo tanto, tómate el tiempo para recopilar, analizar y actuar sobre los comentarios proporcionados en línea. Después de todo, tus seguidores solo actúan sobre la base de la transparencia y expresan libremente su opinión.

Aumenta la Confianza de Tus Seguidores en Tu Negocio

Este beneficio de ser transparente casi no vale la pena mencionarlo debido a su obviedad. Los consumidores confían en las compañías que son abiertas y sinceras con ellos, incluso en las redes sociales. Con el aumento de la comunicación a través de las redes sociales, incluido Instagram, es importante gestionar la imagen empresarial. Con la transparencia y los altos niveles de confianza de los clientes y seguidores de las redes sociales, las empresas pueden gestionar los problemas mucho mejor, ya que se les da la oportunidad de redimirse. En el caso de un desafío, los clientes y los seguidores de las redes sociales no se apresurarán a saltar a conclusiones y opiniones hasta que la empresa pueda responder. Esta es una gran ventaja de la transparencia y la creación de confianza que sustenta la imagen y la reputación de una empresa.

La transparencia en las redes sociales y las relaciones generales con los clientes no es solo una tendencia en el mundo de los negocios que repentinamente se ha iniciado y morirá con el tiempo. Es un enfoque que los publicistas de redes sociales, personas influyentes y empresas deben adoptar para promover más profundamente.

Usa historias Para Tener Algo Más

Personal Con Tus Seguidores

Algunas personas se confunden cuando se trata de historias y publicaciones de Instagram. Sin embargo, hay una gran diferencia entre los dos. Las historias de Instagram no son publicaciones. Las publicaciones de Instagram aparecen en el inicio de un usuario y permanecerán permanentemente en la página del perfil a menos que se eliminen. Los usuarios pueden guardar publicaciones y volver a visitarlas en cualquier momento en el futuro.

Por otro lado, las historias de Instagram se encuentran por encima del inicio de Instagram. Se puede acceder a ellas fácilmente haciendo clic en los círculos pequeños que muestran la imagen de perfil de un usuario. Por lo general, puedes comenzar a ver el principio de una historia haciendo clic en la primera burbuja o simplemente examinando una específica. Cualquier forma que decidas, las historias continuarán reproduciéndose automáticamente hasta que las haya visto todas. Las historias desaparecen después de 24 horas.

Puedes usar historias para acercarte personalmente a tus seguidores. Puedes lograr esto publicando historias que susciten directamente sentimientos en tus seguidores. Las historias que algunos seguidores han experimentado o están experimentando en la actualidad pueden ser de mayor impacto. Además, puedes contar historias con una lección moral. De esta manera, tus historias serán más personales para tus seguidores y querrán leer más y más.

Entonces, ¿por qué necesitas usar las historias de Instagram?

Los profesionales del marketing y personas influyentes demuestran diversidad y creatividad al crear variados contenidos en las redes sociales. Las historias de Instagram son una parte integral para permanecer relevante para tus seguidores de Instagram. Las siguientes justificaciones principales son razones por las que debes usar las historias de Instagram.

- Las historias tienen altas tasas de participación. Según estadísticas verificadas, casi 150 millones de usuarios utilizan activamente las historias de Instagram cada mes. Las historias de Instagram también tienen una tasa de apertura promedio del 28% más alta que las de otras plataformas en redes sociales. Lo más importante es que al menos 25 de cada 100 personas que vean la historia querrán leerla. Como resultado, los usuarios están oficialmente comprometidos e interesados.

- Con las historias de Instagram, tendrás toda la atención de tus seguidores porque ocupan una pantalla móvil completa. Una publicación solo ocupará una pequeña parte de la pantalla y puede pasar desapercibida para los seguidores.

- Las historias fluyen continuamente. Incluso si los usuarios pueden omitir el contenido de la marca al inicio, tu contenido aparecerá en su flujo de Historias. Pueden hacer clic más allá si lo desean. Sin embargo, ya que está ocupando la pantalla completa, al menos tendrán una mirada rápida antes de hacer clic.

Con la alta disposición de los usuarios a participar, no hay duda de que las empresas deberían utilizar un formato que exija la atención del usuario. El uso de las historias de Instagram en sí mismo aumenta automáticamente el alcance de tus publicaciones porque los usuarios están extremadamente comprometidos con ellas.

Cómo usar historias para ampliar tu base de fans

Las historias de Instagram son una excelente manera de aumentar tus seguidores. Aun así, algunas personas no saben cómo usar esta función para obtener los seguidores deseados en Instagram. La buena noticia es que el uso de esta función se ha simplificado en este libro y los detalles sobre cómo hacerlo también se han compartido. Hay varias tácticas que pueden usarse para aumentar tus seguidores con las historias de Instagram.

Genera Curiosidad

La mejor manera de usar las historias de Instagram es crear curiosidad. Solo corta la historia en su punto máximo, justo cuando el lector quiera saber qué sucedió después. Dile al lector que lea tu próxima publicación. De esta manera, tienes toda la atención de tu audiencia y estarán ansiosos por seguirte en la siguiente parte de tu historia. Recuerda, si no publicas la siguiente parte de tu historia solo será una inconsistencia, lo que solo hará que pierdas a tus seguidores.

Mantente Con Un Tema Dentro De Tu Nicho

Los expertos en redes sociales han sugerido continuamente que se debe tener un tema en tu página de Instagram. Del mismo modo, tu historia de Instagram también debe tener un tema. Cabe destacar que la parte más importante de tu historia se adhiere a tu campo. Por ejemplo, no puedes estar en un área de moda y explicar tu viaje a un restaurante elegante. Esto sería una desconexión total y tu audiencia lo notaria. Una cosa es cierta: adherirse a un tema te permitirá atraer a personas que comparten su amor por ese tema en particular. Así es como crecerán tus seguidores y tú base de fans.

Asegúrate Que Tu Historia Tenga Caras

A la gente le gusta ver imágenes en las historias. De lo contrario, tienden a aburrirse. Tan pronto como comienzan a leer contenido sin imágenes. Según un estudio realizado para establecer el impacto de las imágenes para alentar a los lectores, un contenido de una página con una sola imagen puede aumentar la motivación para leer en un 35 por ciento. Esto no es diferente cuando se trata de historias de Instagram. Por lo tanto, no importa cuántas historias desees publicar en tu página, asegúrate de insertar al menos una imagen relevante.

Usa el Color y Contraste a Tu Favor

Las publicaciones perfectas de Instagram son más brillantes y ricas en azules, grises y verdes. Esto a diferencia de las publicaciones sobresaturadas que son más tenues y están llenas de amarillos, rosas y naranjas. Sin embargo, es bueno saber la preferencia de color de tus seguidores. Por lo tanto, mantén tus historias luminosas y vibrantes y todos los ojos estarán puestos en ti. En realidad, incluso puedes incluir una paleta de colores para formar parte de un tema.

Evita los filtros

Se sabe que los filtros son perfectos cuando se trata de hacer que las fotos se vean excepcionales. La práctica más modesta es usar fotos en su forma original. Sin embargo, esto requiere el uso de una cámara de alta definición. Según los especialistas en redes sociales más experimentados, el contenido de Instagram sin filtros es el que mejor se desempeña. Si tienes una cámara de alta definición, tu imagen será mejor. No tendrás que usar la función de filtros. Por lo tanto, incluso si tiene una imagen de las últimas 24 horas que ya estaba filtrada, quédese con el original. De hecho, las historias se pueden construir utilizando lo que puedes considerar como "tomas" de tu día. En particular, una historia completa puede hacer que tu vida se vea sin filtros detrás de las escenas.

Ser Comprometido y Publicar Regularmente

Como una buena práctica para las redes sociales, debes publicar regularmente. Esto puede vincularse a la táctica de generar curiosidad. Una vez que crees curiosidad en tus seguidores, mantente comprometido a publicar tus historias. Debes evitar perderte en acción. Si lo haces, tu última publicación quedará enterrada en la mente de todos y la gente comenzará a olvidarse de ti. El consenso parece ser que debes crear una historia cada día. Como las historias son efímeras, intenta publicar una foto normal en la cuadrícula de tu perfil, combinada con una historia por día.

Recuerda siempre que la calidad es superior a la cantidad. Publicar 10 publicaciones irrelevantes por día solo hará que tus seguidores huyan. Si no tiene nada sensato para publicar, simplemente elimina tu deseo de ponerlo en su Instagram. Es mejor pasar un día entero sin compartir una historia que publicar algo que de alguna manera irritará a tus seguidores.

Conclusión

Quiero agradecerte una vez más por comprar este libro. Espero que haya sido una lectura agradable e informativa.

El marketing en redes sociales está de moda en estos días. El beneficio que ofrece el marketing en redes sociales sobre los métodos tradicionales es bastante impresionante. De todas las diferentes plataformas de redes sociales que están presentes, Facebook es la más popular de todas. Con más de mil millones de usuarios activos, este es el mejor lugar para encontrar una audiencia potencial. Facebook no solo tiene un gran potencial, sino que su popularidad también está aumentando. Al aprender a aprovechar al máximo esta plataforma, puedes diseñar una estrategia de marketing que te ayude a sacarle el máximo provecho. ¡En este mundo donde las redes sociales gobiernan nuestras vidas, las empresas no pueden permitirse el lujo de quedarse atrás! ¡El tiempo, el esfuerzo y la paciencia son los tres conceptos claves para desarrollar una exitosa estrategia de publicidad en Facebook!

Bueno, es bastante fácil usar Facebook, ¿no es así? Facebook es una brillante plataforma de redes sociales que puede hacer maravillas para tu negocio y tú marca. Ahora que estás armado con toda la información que necesita para utilizar de manera óptima la publicidad de Facebook, todo lo que necesita hacer es comenzar. ¡Use todos los sencillos consejos, trucos y estrategias que se dan en este libro para darle a tu negocio un impulso muy necesario en las redes sociales! ¿Entonces, Qué esperas? ¡Empiece hoy!

¡Gracias y mucha suerte!

Recursos

https://thrivehive.com/benefits-of-facebook-for-business/

https://viralsolutions.net/facebook-groups-10-lessons-learned-building-a-strong-community/

https://www.jonloomer.com/2013/07/11/increase-facebook-likes/

https://adespresso.com/blog/killer-strategies-improve-facebook-conversion-rate-practical-examples/

https://www.postplanner.com/boost-facebook-engagement-infographic/

https://blog.hubspot.com/marketing/facebook-paid-ad-checklisthttps://neilpatel.com/blog/11-facebook-advertising-tools-thatll-save-you-time-and-money/

http://home.bt.com/tech-gadgets/internet/social-media/facebook-stories-what-is-it-and-how-does-it-work-11364169985164

https://curatti.com/facebook-stories-best-practices/

https://sproutsocial.com/insights/facebook-live-tips/https://www.socialmediaexaminer.com/how-to-use-facebook-live-from-your-desktop-without-costly-software/

https://www.brandwatch.com/blog/8-free-facebook-analytics-tools/

https://www.digitalvidya.com/blog/facebook-boost-post/

https://thrivehive.com/how-to-check-engagement-on-facebook-instagram-and-twitter/

https://smallbiztrends.com/2015/12/facebook-business-resources.html

https://www.wordstream.com/blog/ws/2011/10/19/10-facebook-tips-for-content